柏拉图全集

PLATONIS OPERA

增订版

1

[古希腊]柏拉图◎著

王晓朝◎译

人民出版社

责任编辑：张伟珍

封面设计：吴燕妮

图书在版编目（CIP）数据

柏拉图全集 .1 ／〔古希腊〕柏拉图 著；王晓朝 译 . – 增订本 .
– 北京：人民出版社，2015.10（2022.2 重印）

ISBN 978 – 7 – 01 – 014892 – 2

I. ①柏…　II. ①柏…　②王…　III. ①柏拉图（前 427~ 前 347）–
全集　IV. ① B502.232-52

中国版本图书馆 CIP 数据核字（2015）第 110389 号

柏拉图全集 ［增订版］1
BOLATU QUANJI

〔古希腊〕柏拉图　著　王晓朝　译

人民出版社 出版发行
（100706　北京市东城区隆福寺街 99 号）

北京汇林印务有限公司印刷　新华书店经销

2015 年 10 月第 1 版　2022 年 2 月北京第 3 次印刷
开本：710 毫米 ×1000 毫米 1/16　印张：11
字数：158 千字　印数：7,001–9,000 册

ISBN 978 – 7 – 01 – 014892 – 2　定价：36.00 元

邮购地址 100706　北京市东城区隆福寺街 99 号
人民东方图书销售中心　电话（010）65250042　65289539

目　录

增订版译者前言

拙译中文版《柏拉图全集》自 2003 年开始出版以来，十来个年头匆匆而过。应社会大众的阅读需要，在出版界朋友的帮助下，全集多次重印，而在此期间，译者也在不断地听取和收集各方面的批评意见，并在教学和科研间隙对全集进行修订。最近几年，译者承担的教学和研究工作相对较少，有了对全集进行全面修订的充裕时间，遂有这个全集增订版的问世。

译者除了对原版译文进行逐字逐句的修订外，还做了以下工作：

（1）原版中各篇对话的提要译自伊迪丝·汉密尔顿所撰写的各篇对话短序。本次修订，所有提要均由译者本人撰写，内中包含译者自身的阅读结果，写出来供读者参考。

（2）考虑到研究的需要，也考虑到柏拉图的疑伪之作至今尚无最终定论，因此借修订之机，补译柏拉图伪作十六种。它们是：《阿尔基比亚德上篇》（Alcibiades I）、《阿尔基比亚德下篇》（Alcibiades II）、《希帕库斯篇》（Hipparchus）、《克利托丰篇》（Clitophon）、《塞亚革斯篇》（Theages）、《弥诺斯篇》（Minos）、《德谟多库篇》（Demodocus）、《西绪福斯篇》（Sisyphus）、《厄里西亚篇》（Eryxias）、《阿西俄库篇》（Axiochus）、《情敌篇》（Rival Lovers）、《论公正》（On Justice）、《论美德》（On Virtue）、《神翠鸟》（Halcyon）、《定义集》（Definitions）、《诗句集》（Epigrams）。

（3）专有名词（人名、地名、族名、神名）有少量改动和增添；哲学概念和术语的译名结合近年来的研究动态有改动，并以注释的方式说明旧译和新译的基本情况。

（4）文中注释有较多修改和增添。所有注释均由译者参照已有各种版本柏拉图著作的注释加以取舍、改写、综合、添加。

（5）柏拉图著作标准页在原版中在页边标注，考虑到中国人的阅读习惯和排版的方便，修订版改为文间标注。

（6）除原版中列举的参考资料外，本次修订着重参考了下列图书：

J. Burnet, Platonis Opera, 5 vols, Oxford, Clarendon Press, 1900—1907.

Plato, Complete Works, ed. By John M. Cooper, Hackett Publishing Company, Indianapolis, Cambridge, 1997.

（7）参考 John M. Cooper 编辑的英文版柏拉图全集中的索引，重编增订版索引，并增加希腊文对照。

近年来，中国高校大力推广人文素质教育，阅读经典著作成为素质教育的重要内容。为适应这种社会需要，译者将修订版的《柏拉图全集》分为十册出版，以解决全集篇幅过大，一般学生和社会读者难以全部购买的问题。待各分册出版完成以后，再视社会需要，出版完整的增订版《柏拉图全集》。现在，全集分册的出版已经完成。新的合集共分三卷，各卷包含的内容是：

上卷：中文版序、译者导言、柏拉图年表、柏拉图谱系表、柏拉图著作篇名缩略语表、申辩篇、克里托篇、斐多篇、卡尔米德篇、拉凯斯篇、吕西斯篇、欧绪弗洛篇、美涅克塞努篇、小希庇亚篇、伊安篇、高尔吉亚、普罗泰戈拉篇、美诺篇、欧绪德谟篇、克拉底鲁篇、斐德罗篇、会饮篇。

中卷：国家篇（10 卷）、泰阿泰德篇、巴门尼德篇、智者篇、政治家篇、斐莱布篇、蒂迈欧篇。

下卷：克里底亚篇、法篇（12 卷）、伊庇诺米篇、大希庇亚篇、阿尔基比亚德上篇、阿尔基比亚德下篇、希帕库斯篇、克利托丰篇、塞亚革斯篇、弥诺斯篇、德谟多库篇、西绪福斯篇、厄里西亚篇、阿西俄库篇、情敌篇、论公正、论美德、神翠鸟、定义集、书信、诗句集、总索引。

借《柏拉图全集》增订版出版之机，重复译者在原版"译者导言"中说过的话："译作的完成之日，就是接受批评的开始。敬请读者在发现错误的时候发表批评意见，并与译者取得联系（通信地址：100084 清华大学人文学院哲学系；电子邮件：xiaochao@tsinghua.edu.cn），以便译者在有需要再版时予以修正。"

感谢学界前辈、同行、朋友的教诲、建议和批评！

感谢人民出版社为出版中文版《柏拉图全集》所付出的巨大努力！

感谢中文版《柏拉图全集》出版以来阅读过该书的所有读者！感谢中文版《柏拉图全集》出版以来，对该书作出评价和提出批评意见的所有人！

王晓朝

2017 年 9 月 18 日

中 文 版 序

汪子嵩

　　继苗力田主持翻译的《亚里士多德全集》出版以后，由王晓朝翻译的《柏拉图全集》又将陆续出版，对于我国学习和研究古代希腊思想史，这是值得庆幸的好事。

　　柏拉图的对话是古代希腊留给我们的，最早由哲学家亲自写定的完整的著作。苏格拉底以前的哲学家留下的只是一些残篇，苏格拉底自己没有写过什么著作，他的思想活动，主要只能从柏拉图的对话中才能窥见。在近代，西方曾经有些研究者怀疑柏拉图对话的真伪问题，但现在学者们几乎公认极大多数对话确实出自这位哲学家的手笔。

　　柏拉图的对话无疑是希腊文化留下的瑰宝。它不但为我们展示了一个在西方哲学史上最早的，也是两千多年来影响最大的理性主义的哲学体系；而且在文学史上也是极其优美的杰作，尤其是在他的早中期对话中，既充满了机智幽默的谈话，又穿插了许多动人的神话故事和寓言。他的对话可以与希腊古代的史诗、著名的悲剧和喜剧媲美，是世界上不朽的文学名著。因此不但为学习哲学和文学的人所必读，而且是世界各国许多人所喜读。我国从 20 世纪 20 年代起就有人翻译柏拉图对话了，但直到现在，可能还有柏拉图全部著作的将近一半左右篇幅尚未翻译出版，所以这部全集的出版是十分必要的、及时的。

一

　　关于柏拉图的生平和著作的情况，译者在导言中已经作了必要的介绍，我在这里只想补充谈几点自己的体会。

　　柏拉图是苏格拉底的学生，他们生活的时代已经是雅典的民主政治从兴盛繁荣走向衰落。一些政治野心家在公民会议上靠着蛊惑人心的演说煽动群众，夺取政权，成为专制独裁者，使人民从主人沦为群氓；雅典终于在伯罗奔尼撒战争中失败了，政治和经济遭受重创，国内道德沦丧。当时活跃在思想界的是一批自命为青年导师的智者，他们虽然提出了"人是万物的尺度"，用以反对旧有的"神是万物的尺度"，突出了人的尊严和地位，起了重要的启蒙和革命的作用；但是他们又将"人"解释为只是个别的个人，我感觉是甜的就是甜的，陷入了主观主义和感觉主义，否认有客观的真理，甚至提出只有维护强者的利益才是正义。正是在这种情况下，苏格拉底挺身而出，以螫刺、惊醒雅典的"牛虻"自居。他经常和智者、青年们讨论什么是正义、什么是勇敢等伦理问题，他们都以某一具体的实例作为回答，苏格拉底挑出其中的矛盾，迫使他们承认自己的无知。这就是苏格拉底使用的辩证法，也是"辩证法"一词的原始含义。柏拉图的早期对话几乎全是这种苏格拉底式的辩证法的具体运用和精彩表述。

　　原来苏格拉底所要探求的并不是某一特殊的可以称为正义或勇敢的道德行为，而是正义作为正义或勇敢作为勇敢的普遍的本质定义，它不是依某个人或某些人的爱好，也不是因时因地而有所不同；它应该是普遍适用的，在同类事物中只有一个，它是纯粹的，是永恒不变的，是绝对的。这样的正义或勇敢（的本质），是只有理性才能认识，感觉无法认知。人从感觉产生意见，它是不确定的，甚至是虚幻的；只有从理性才能产生确定的真正的知识，才能认识客观真理。柏拉图发展了苏格拉底的思想，将理性提高到最崇高的位置，可以说他将"人是万物的尺度"又提到"只有人类理性才是认识和评价万物的最高准则"的高度。

　　柏拉图将每一同类事物的本质定名为 Idea，一般译为"理念"。柏拉图在有些对话中是将它解释为思想中主观的"念"的，但在更多处却说它是理性认识的对象，是客观的存在，所以有人主张译为"型"或"相"，本书均译为"相"。对于苏格拉底提出的什么是正义或勇敢的问题，柏拉图认为正确的回答应该是正义有"正义的相"，勇敢有"勇敢的相"。他由此创立了被称为"相论"的理性主义的哲学体系，主要见于他的中期对话《斐多篇》和《国家篇》。这在西方哲学史上，是现在能够见到的最早提出的完整的哲学体系。两千多年来，它在西方哲学史上的影响几乎是无与伦比的，对世界哲学的发展也产生了深远的影响。

在柏拉图的相论中出现了两个世界：一个是相的世界，另一个是现实的世界；前者是真实的，后者是变幻的。这样便发生了这两个世界的关系问题：它们是不是相互分离的？这就是说，相的世界是不是也和现实世界一样，是独立自存的？早在柏拉图的学园内部，在他的学生们中间就已经为这个问题发生争论，他的弟子亚里士多德在《形而上学》中便有两处批评柏拉图将"相"和具体事物分离的学说，他认为普遍只能存在于具体事物之中，而不能在具体事物之外独立自存。这个问题是哲学史上著名的所谓分离问题，两千多年来许多哲学家一直围绕这个问题争辩不休。

这个相和具体事物的关系，从本体论说，就是普遍和个别的关系；从认识论说，就是理性认识和感性认识的关系；从政治和伦理生活说，也就是理想和现实的关系。这些都是历代哲学家、思想家永恒讨论的话题。

柏拉图既是哲学家，又是文学家、诗人，同时又是热衷于政治的思想家。他很想将他那套应该根据理性标准建立的政治体制在现实世界中实现，为当时混乱纷争的希腊城邦树立一个样板。为此他三次远赴西西里，希望那里的叙拉古城邦的执政者能够接受他的教导，按照理性治理城邦。结果是一次次都失败了，他只能返回雅典，在他创立的学园中著书立说。他最负盛名的对话《国家篇》大概是他返回雅典之后写成的，比较完整地论述了他的理想的政治制度。他认为一个城邦是由三部分人分工组成的：一部分是统治者，他们必须具有最高的知识，表现人的理性，智慧是他们的美德，由此柏拉图提出了所谓"哲学王"的想法；第二部分是保卫城邦的武士，表现人的激情，他们的美德是勇敢；除此以外的一般公民，表现人的欲望，接受理性的指导和武士的保卫；如果这三部分人都能正确地负起各自的职责，和谐共处，便是节制的美德。一个城邦如果能够达到这样的程度，便是实现了城邦的正义。这样，柏拉图对"正义的相"作了一个具体的说明，使它不再只是一个空洞的名称了。

在当时希腊诸城邦中，柏拉图比较服膺斯巴达。斯巴达在社会政治经济制度方面虽然比较落后，还保留了原始公社的不少残迹，比如没有私有制，财物由全体公民共享（农牧业劳动是由被他们征服的异族奴隶承担的），婴儿也由公社共养等；但是斯巴达崇奉尚武精神，养成精锐善战的军队，在伯罗奔尼撒战争中大获全胜，战败了雅典，夺取了希腊城邦盟主的地位。柏拉图因此设想在他的理想城邦中男女间可以任意相处，生产的婴儿应该共同抚养和教育；没有私有财产，尤其是担任行政职务的统治者更不应该有私人的房屋和土地，他们只能从公民那里得到作为服务报酬的工资，大家一起消费。这就是柏拉图提出的共产、共妻、共子的主张。（他的弟子亚里士多德批评他，说这种主张是违背人的固有天性的。）人们已经从仰望神话中的天国，转变为要开始设计地上人间的乐园了。柏拉图是这种理想主义在西方的最早创始者。

柏拉图的思想是有发展变化的，现在公认他的对话可以分为早期、中期和后期。早期对话主要表现苏格拉底式的辩证法，中期对话建立柏拉图自己的相论，这些是清楚的，是学术界比较一致的看法。但是后期对话的主要特点是什么呢？在学者中就有各种不同的解释：有的说是他原有相论的发展和扩大，但是不少学者指出：在较前的后期对话《巴门尼德篇》的第一部分中，巴门尼德对少年苏格拉底的相论提出了严格的批评，在这些批评论证中有一些和后来亚里士多德对柏拉图相论的批评是一致的。这是不是表示柏拉图已经发现了自己相论中存在问题，因此加以批评？他是要否定原来的相论呢，还是仅仅要作一些修正？

如果我们将他后期对话中的一些论点和中期对话中的论点作比较，确实可以发现它们有许多不同之点。比如：在他的相论中，从感觉得到的意见和由理性得到的知识是绝对对立的，但是在《泰阿泰德篇》中，他却认为由意见也可以产生真的知识。他原来强调只有智慧才能得到真正的善和幸福，感情和欲望只能服从理性知识，但在《斐莱布篇》中，他却论证善是智慧和快乐的结合。在他的相论中，更多注意的是伦理和政治方面的问题，有关抽象的概念和范畴的讨论不多，但在后期对话中，对于抽象的范畴或"种"，如 ON（英文 Being，一般译为"存在"，有人主张译为"是"）、"一"、"动"和"静"、"同"和"异"等，几乎经常成为思辨讨论的重要题目。又如在他的相论中，主要讨论的几乎都是涉及人和社会方面的问题，对于早期希腊哲学集中讨论的关于万物的本原即自然哲学的问题很少提到，但在后期对话《蒂迈欧篇》中，他却提出了一个完整的宇宙论体系，由创世者（Demiurgos）创造宇宙的学说。它在历史上起了很大作用，被早期基督教哲学家奉为理论基础。在政治思想上，柏拉图在理想国中提出哲学王，主张贤人政制（aristocracy 这个字，希腊文是指由出身好的人担任统治，这个"出身好"既可以理解为出身高贵的家族，便可以译为贵族政制，柏拉图便被说成是一个"反动的奴隶主贵族的哲学家"；但也可以理解为赋有好的品格，便可以译为贤人或好人政制；统观全文，柏拉图显然是在后一意义上使用这个词的），他主张实行人治。但在实践中一再失败以后，他大概认识到这样的贤人是可想而不可得的，在后期对话《政治家篇》中表现出从人治转向法治的思想，到他最后也是最长的对话《法篇》中，他批评斯巴达只崇尚武力和战争，不知道城邦最好的状态是和平；认为不能给统治者以过分强大的权力，必须对他们进行监督和限制，因此城邦必须制定详尽的法律。《法篇》为理想城邦的政治、经济、社会、文化各个方面规定了法律条款，成为后来罗马法的蓝本。柏拉图的政治思想已经从人治转为法治。

柏拉图的后期对话不仅在内容上和他的早、中期对话有很大不同，而且在写作的文字形式上也发生了很大的变化。在早、中期著作中，对话形式非常明显，一问一答均简明扼要，生动活泼，富有文学色彩；而在后期著作中却常常从简短的对话变成冗长的独白，如《蒂迈欧篇》便通篇由主要发言人蒂迈欧长篇大论地申述他的宇宙论学说，是一篇具有深刻思辨的、却又有点枯燥乏味的哲学论文，失去了对话的文学意味，《法篇》也有类似的情况。再有，便是苏格拉底在对话中的地位也有了明显的改变。在早、中期对话中，苏格拉底是其中的主角，领导主宰谈话的进程；但在后期著作中，他的地位改变了：在《巴门尼德篇》中，少年苏格拉底是被爱利亚学派的老哲学家巴门尼德批判的对象；在《智者篇》和《政治家篇》中，主宰对话的是一位由爱利亚来的客人，少年苏格拉底成为被追寻的对象；在《蒂迈欧篇》中，苏格拉底仅在开始时作为主持人出现，指定蒂迈欧发言，接着便全部由蒂迈欧讲述；到最后的《法篇》中，在对话者的名单中便根本见不到苏格拉底的名字了。从这个对话名单中，我们可以设想柏拉图的哲学兴趣似乎已经从以继承和发展苏格拉底的思想为主，转向爱利亚学派的思想了。

我国过去对柏拉图哲学的翻译、介绍和研究，一直集中于他的早、中期对话，尤其是被称为"理想国"的《国家篇》；对他的后期对话中的思想，很少被提及和重视。但是他的后期思想在古代希腊思想的发展史上，以至在整个西方思想的发展史上都起过重要的作用，因此我在这里多讲了一些，希望能够引起研究柏拉图的学者的兴趣和重视。虽然这些后期对话的译文在《全集》第一卷中是看不到的，要在以后几卷中才能读到。

二

在我国，将柏拉图的对话译为中文还是开始得比较早的，20世纪二三十年代就有吴献书先生译的《理想国》（即《国家篇》）、郭斌和、景昌极先生译的《柏拉图五大对话集》、张师竹先生初译、张东荪先生改译的《柏拉图对话集六种》相继出版。他们译的都是柏拉图的早、中期对话，并且都是用文言文翻译的。其中除郭斌和先生用希腊文译校外，其余均根据英译文转译，主要是 Jowett 的译本和娄卜丛书的希、英文对照的《柏拉图文集》中的英译文。

我国近代翻译界先驱严复先生的后裔严群先生精通希腊文，是本书译者王晓朝的尊师。他早在40年代便已译有柏拉图对话多种，解放后一再修改润色，于1963年出版后期对话《泰阿泰德》和《智术之师》（即

《智者篇》），1983 年出版早期对话三种，1985 年严先生去世后，经学生整理，于 1993 年又出版对话三种，其中包括后期对话《费雷泊士》（即《斐莱布篇》）。严先生的译文也使用严复的文言文体。译文以希腊原文为基准，根据娄卜丛书的《柏拉图文集》，参考公认的权威英译本。

我国的哲学翻译工作在 50 年代有很大的发展。1957 年以后陆续出版的由北京大学哲学系外国哲学史教研室编译的一套《西方古典哲学原著选辑》完全用白话文翻译，在《古希腊罗马哲学》中，将柏拉图对话中的许多重要论点分别作了摘译，译者是任华先生，主要根据的也是娄卜丛书本。

1986 年郭斌和先生和他的学生张竹明先生用白话文翻译《理想国》全文出版，他们根据的是娄卜丛书本和牛津版 Jowett & Campbell 的希腊原文，并参考了多种英译文。

1963 年出版了朱光潜先生翻译的《柏拉图文艺对话集》，他将柏拉图前后期七篇对话中有关文学艺术的论述全文或部分地译出。2000 年又出版了杨绛先生翻译的《斐多》。这两位文学大师虽然是根据英、法译文转译的，但他们的中译文当然是非常精美的，表现了柏拉图著作的文学风采。

此外还应当指出，1995 年由苗力田主编，作为高等学校文科教材的《古希腊哲学》选译本中，对柏拉图的中、后期的重要对话中的重要内容，都作了选译，这部分负责编译者是余纪元，他根据的主要是娄卜丛书的希腊原文。

从以上并不完备的介绍中，可以看到柏拉图对话的中文翻译虽然至今还不够完全，但是不断有所前进：译文从文言转为白话，向更有规范的现代汉语发展；翻译从英、德、法文转译趋向根据希腊原文；翻译的范围也从早、中期对话扩大到后期对话。这些变化为现在翻译《全集》开辟了途径。

在以上介绍前辈学者的译著中，我没有提到 1943 年出版的陈康先生译注的《柏拉图巴曼尼得斯篇》，因为我认为陈先生这部著作并不是一般的翻译作品，应该说它是用中文写出的、对柏拉图《巴门尼德篇》

作出创造性阐释的研究性专著。柏拉图的这篇对话，两千多年来被学术界认为是一个最大的谜。它分为两个部分：第一部分是老年哲学家巴门尼德批评少年苏格拉底的相论，第二部分是巴门尼德引导少年苏格拉底进行思想训练，提出八组假设的逻辑推论，得出不同的结果。从古至今学者们一直在争辩：被批评的少年苏格拉底的相论是不是柏拉图自己的相论？第二部分的八组逻辑推论是什么意思？它和第一部分又有什么联系？许多学者作出各种猜想，都没有能解开这个谜。当代哲学史家W.K.C.格思里在他著名的《希腊哲学史》第四、第五卷中对柏拉图的每篇对话都作了详细的论述，但他认为要理解《巴门尼德篇》的目的，实在是很困难的，因此对它的第二部分只写了短短三页，没有作认真的解释。王晓朝翻译这部《全集》主要参考用的英译本《柏拉图对话全集》的编者 E.汉密尔顿为《巴门尼德篇》写的提要中也说：这篇对话给读者带来极大的困难，它那些不断在字面上变动的论证实在令人难以理解，例如他说的"'一'在时间中变得比自己年老些时，也就比它自己年轻些"等等。对于这篇几乎令所有学者感到困惑的对话，陈先生提出了他自己的解释。

　　陈先生认为了解这篇对话的关键就是所谓分离问题，哲学史一般都认为在柏拉图的相论中，相和具体事物是相互分离的。1940 年陈先生在德国柏林大学作的博士论文《亚里士多德论分离问题》对此作了深入的研究，他将柏拉图和亚里士多德著作中所有关于分离的论述全部集中整理、分类研究，发现分离问题的实质是自足，像两个具体事物甲和乙可以彼此分开，在空间中独立自存，才是所说的分离。而柏拉图的相乃是事物追求的目的，它和事物只在尊荣和价值上有高低程度的不同，彼此间有距离，而不是空间上的分离。陈先生以这个观点分析《巴门尼德篇》中少年苏格拉底的相论，认为少年苏格拉底是明确主张相和具体事物之间是互相分离的，他将相看成和具体事物一样，也是在空间中独立自存的，这就是将抽象的相也物体化了，因此无法说明相和具体事物的联系和结合，他的相论只能被巴门尼德驳倒。陈先生认为少年苏格拉底的相论并不是柏拉图自己的相论，它们是有根本区别的。他还专文考证少年苏格拉底的相论大约是当时柏拉图学园中某些人提出的主张。

　　这样，问题便集中到分离和结合的关系上：相和具体事物是分离还是结合的？在什么情况下它们相互分离，什么情况下可以结合？《巴门尼德篇》的第二部分中的思想训练，便是以八组虚拟的逻辑推论形式研究这个问题。它是从第一部分中引申出来的，所以这两个部分有密切联系，由它们组成的这篇对话成为一个统一的整体。但是在这八组推论中，柏拉图首先提出的却不是相和个别事物的结合和分离，而是抽象的相和相之间的结合和分离问题。因为在柏拉图原来的相论中，每一类事物的同名的相如"人的相"和"大的相"，也是彼此独立的，柏拉图并没有专门讨论它们之间的关系。不过在《巴门尼德篇》中，柏拉图将同一类事物的普遍的相改为最普遍的范畴，如"是（Being）"、"一"、整体和部分、动和静、同和异、大和小等等，讨论它们之间的结合和分离问题。他先选择两个最普遍的范畴——"一"和"是"作为虚拟推论的前提。第一组推论的前提是：如果一和是不结合，只是孤立的一，那么它便不能和许多对立的范畴如整体和部分、动和静等等相结合，它便什么都不是，甚至也不是一自己。第二组推论的前提与之相反：如果一和是互相结合，那么它便可以和许多对立的范畴相结合，甚至它既是知识，又是感觉，又是意见。以后的推论实际上说明了：具体事物就是这些普遍范畴的集合体。这些结论都是经过复杂的逻辑推论才得出的，上述汉密尔顿提出的年龄问题，便是第二组推论中的第13个推论。柏拉图以相当复杂的逻辑步骤论证：一和是相结合，便也可以和"年老些"与"年少些"这对相反的范畴相结合。（152A—155C）陈先生不但为这个推论中的每一逻辑判断作了详细的注释，而且还写了一篇专文《柏拉图年龄论研究》（载《陈康论希腊哲学》）。

　　陈先生对《巴门尼德篇》所作的解释，在柏拉图其他后期对话中可以得到佐证。其一是在《智者篇》中的"通种论"。柏拉图选取了在《巴门尼德篇》中出现过的三对对立的范畴（他称为"种"）：是和不是、动和静、同和异（这些都是在其他后期对话中也经常提到，作为重要讨论对象的），用详细的逻辑论证，证明它们是彼此相通，即可以互相结合的。在《巴门尼德篇》中，这种结合还只是虚拟的可能性，到《智者篇》中，"通种论"已经变为正面的证明了。佐证之二是在《斐莱布篇》中，柏拉图将"划分"和"结合"的方法提高到"辩证法"的高度。在柏拉图的对话中，关于辩证法有三种不同的说法：在早期对话中，他说的辩证法就是这个字的最初词义，即苏格拉底的对话问答法。在中期对话《国家篇》中，他认为辩证法是高于其他一切学科的学问，它能认知"相"以至最高的"善"，相当于后来亚里士多德所说的"第一哲学"，不过他不称为哲学而称为辩证法。但对于这门学问的具体内容，他没有作深入的探讨。到后期对话《智者篇》和《政治家篇》中，爱利亚的来客要少年苏格拉底为智者和政治家下定义，定义的方法叫二分法，即将事物不断划分（分析），如《智者篇》中将事物分为生物和无生物，生物又分为动物和植物，动物又分为两足的和四足的；将这些分析的结果综合起来，"两足的动物"便是"人"的定义。在《政治家篇》中对此加以纠正，说只有在合适的点（即"种"）上划分，才能得出正确的结果。如果只将动物分为两足的和四足的，并不能显示人的特征，反而将鸟和人分到同一类去了；必须将两足动物再分为有翼的和无翼的，只有"无翼的两足动物"才是人的定义。（这就是人类最初认识的科学分类法，后来亚里士多德经常举这个例子。）作为政治家，他具有的知识应当和工人、农民、医生的实践知识不同，是理论性的；但他的理论知识又不是评论性的，而是指导性的；政治家是统治人的，但统治又可以分为"依靠暴力"和"根据自愿"两种，依靠暴力统治的是暴君，只有根据公民自愿统治的才是真正的政治家。柏拉图认为只有这样，既从相似事物中分析它们的差别，又能综合把握它们的共同性，即既能从一中看到多，又能从多中把握一，能够将一和多统一起来的，才是"真正的辩证法，它能够使人更好地通过理性发现真理"。(287A) ①

柏拉图在后期对话中所说的这第三种辩证法，实际上就是分析与综

---

① 参看汪子嵩：《柏拉图谈辩证法》，载纪念贺麟先生的生平与学术的《会通集》，三联书店 1993 年版。

合的辩证法，也就是寻求一和多的辩证关系的方法，是哲学研究的重要方法。自从柏拉图提出以后，首先为亚里士多德所接受，成为他进行哲学研究的重要方法。

古希腊爱利亚学派的巴门尼德首创 Being（希腊文 ON）的一元论，提出"是"和"不是"是辨别命题的真和假的标准。柏拉图在早、中期对话中对此没有专门重视，直到后期对话《巴门尼德篇》开始，将 Being 和"一"作为最普遍的范畴，讨论它们和其他普遍范畴的分离和结合的问题；在其他后期对话中更不断深入讨论普遍范畴间的分析和综合的问题，认为这是最高的哲学——辩证法。柏拉图的后期思想对亚里士多德哲学的形成和发展起了很大的影响作用。亚里士多德专门研究 Being 的问题，提出研究最普遍最纯粹的 Being as Being（希腊文 to on hei on）即是"第一哲学"的任务，从而在西方哲学史上开创了 Ontology（一般译为"本体论"，现在也有人主张译为"存在论"或"是论"）。他的主要研究方法就是对 Being 作了各种分析和综合，比如将它分析为本体（实体）及其属性——性质、数量、关系等十个范畴，分析为形式与质料、本质与偶性、潜能与现实等等，然后又将它们综合起来，研究它们相互之间的关系。不过柏拉图的分析与综合和亚里士多德的分析与综合有一点重要的区别：柏拉图对它们主要是作抽象的逻辑推理，亚里士多德却特别重视根据经验事实对它们作推理论证。柏拉图在《巴门尼德篇》第二部分所作的抽象范畴间的逻辑推理，可以说是后来黑格尔的《逻辑学》的先河；而亚里士多德的本体论学说，可以说是为当时哲学和科学的研究提供了科学的方法论。

当我们仔细阅读柏拉图和亚里士多德的著作时，可以发现亚里士多德的思想，无论是形而上学、自然哲学、逻辑学以至伦理学和政治学，都深受柏拉图后期对话的思想影响，其中有些是对柏拉图思想的继承和发展，有些则是批评和修正。这是符合历史事实的，因为当代西方学者们的研究已经证明：当青年亚里士多德到雅典进柏拉图学园学习时，进入老年的柏拉图已经开始撰写他的后期对话了。因此我们必须研究柏拉图的后期对话，才能理解从柏拉图哲学向亚里士多德哲学的发展过程，才能理清从巴门尼德开始的，经过柏拉图到亚里士多德思想的发展线索，才能说明西方哲学中本体论的开创和形成。

陈康先生一贯认为：学术研究的内容是会变动的，随着新资料的发现或观点的发展，研究的结论先后会有所不同。他认为重要的乃是研究的方法。他将他的研究方法概述为："每一结论，无论肯定与否定，皆从论证推来。论证皆循步骤，不作跳跃式的进行。分析务必求其精详，以免混淆和遗漏。无论分析、推论或下结论，皆以其对象为依归，各有它的客观基础，不作广泛空洞的断语，更避免玄虚到使人不能捉摸其意义的冥想，来'饰智惊愚'。研究前人思想时，一切皆以此人著作为根据，不以其与事理或有不符，加以曲解（不混逻辑与历史为一谈）。研究问题时，皆以事物的实况为准，不顾及任何被认为圣经贤训。总之，人我不混，物我分清。一切皆取决于研究的对象，不自作聪明，随意论断。"①60年前，陈先生将当时欧洲大陆流行的这种严格的学术研究方法介绍进中国，他用这种方法研究译注了这部柏拉图的《巴门尼德篇》。

王晓朝告诉我：在翻译这部《柏拉图全集》以后，他们几位年轻的学者还将对柏拉图的对话，分篇进行研究注释。我想，这将是大大推动我国希腊哲学史研究的好事。翻译和研究本来是相辅相成，相互促进的。翻译必须先对原著的逻辑有所研究和理解，所以是以研究为基础；研究既然用中文写出，也就必须对原著有所翻译。现代西方学术界对于研究古典著作又提出了新的研究方法，如分析法、解释法等。现在中西方学术交流日益频繁，我国的年轻学者们既可直接接受西方的学术训练，又经常参加国际学术活动，当然可能以新的研究方法创造出新的研究成果，既参考借鉴前辈学者的经验，又超过前辈学者的成就。

*　　　　　　　*　　　　　　　*

从70年代我们开始编写《希腊哲学史》起，王晓朝就参加了我们

---

① 《陈康哲学论文集》"作者自序"，台湾联经1985年版。

的工作，并为该书第一卷编写"译名对照表"。他在原杭州大学攻读硕士学位期间，便已从严群先生修习古希腊文；后来在英国攻读博士学位期间，又专攻古希腊文两年。他的希腊文根底，应该说是比较着实的，但他还谦虚地说："译者至今仍未能达到抛开辞典和各种已有西文译本，仅依据希腊原文进行翻译的水准。"他以娄卜丛书《柏拉图文集》的希腊原文为基准，参考了学术界公认的权威英译本。这种态度是实事求是的。我只读了其中之一短篇对话，对他的译文不能妄加评说。好在译者以极为诚挚的态度，欢迎读者的批评。我认为要使我国的学术研究繁荣起来，学术批评是必不可少的。不过学术评论必须建立在正确的态度上，应该是经过读书研究，采取平等的切磋讨论的方式；而不应该是盛气凌人、毫无根据地扣大帽子的"大批判"的方式。

译 者 导 言[①]

柏拉图（公元前 427 年—前 347 年）是古希腊最有代表性的大思想家、大哲学家、大文学家、大教育家。他的思想与著作（主要是对话）对西方哲学理念与整个文化的发展发挥过重要作用，有着极其深远的影响，把他在西方思想史和文化史上的地位比作中华文化传统中的孔子丝毫也不过分。

希腊文化是西方文化的两大源头（古希伯来与古希腊）之一，是古希腊人留给全人类的一笔巨大的精神遗产，而柏拉图对话就是希腊文化宝库中最有代表性的宝藏。柏拉图对话不仅属于西方人，而且也属于全人类。

翻译柏拉图对话不需要花很多篇幅去说明理由。但是，为了帮助广大读者阅读和使用这部中译《柏拉图全集》，译者有义务提供相关背景材料。

一、柏拉图生平概述

柏拉图的思想影响很大，但记载他的生平的史料不多。人们介绍他的生平主要依据第欧根尼·拉尔修的《著名哲学家的生平和学说》和柏拉图自传性的《第七封信》。《著名哲学家的生平和学说》的作者第欧根尼·拉尔修是公元一世纪的传记作家。他记载了众多希腊哲学家的思想和生平，全书共十卷，其中第三卷全部用于记载柏拉图，共 109 节。柏

---

① 本文撰写时借鉴了范明生先生的《柏拉图哲学述评》和汪子嵩先生等撰写的《希腊哲学史》中的相关部分，特致谢意。

拉图的《第七封信》是柏拉图传世书信（共 13 封）中最长的一封，大多数学者承认这封信是柏拉图真作，把它当作可靠的史料进行研究和引证。

柏拉图(Plato) 于公元前427年5月7日出生在雅典附近的伊齐那岛。他的父亲阿里斯通（Ariston）和母亲珀克里提俄涅（Perictione）都出自名门望族。父亲的谱系可以上溯到雅典最后一位君王科德鲁斯（Codrus）。母亲出自梭伦（Solon）家族。柏拉图属于梭伦的第六代后裔。

柏拉图原名阿里斯托克勒（Aristocles）。据说，他的体育老师见他体魄强健，前额宽阔，就把他叫做柏拉图，而在希腊文中"plato"的意思就是宽广。柏拉图有两个哥哥阿得曼图（Adeimantus）和格劳孔（Glaucon），在柏拉图对话中常有出现。柏拉图还有一个姐姐名叫波托妮（Potone），她是后来柏拉图学园的继承人斯彪西波（Speusippus）的母亲。柏拉图的父亲去世后，他的母亲改嫁给她的堂叔皮里兰佩（Pyrilampes），生子安提丰（Antiphon）。皮里兰佩和雅典民主派领袖伯里克利（Pericles）关系密切，柏拉图在《卡尔米德篇》中以颂扬的口吻提到过他的这位继父。

柏拉图出生的那年伯罗奔尼撒战争已经进行到第四个年头。柏拉图从小在继父家度过，受到良好的教育。他在青年时期热衷于文艺创作，写过赞美酒神的颂诗和其他抒情诗，富有文学才能。大约20岁时，柏拉图追随哲学家苏格拉底（Socrates），直到苏格拉底被雅典当局处死为止，前后约有七八年时间。在此期间，雅典发生了一系列重大事件：伯罗奔尼撒战争以雅典失败而告终；"三十僭主"推翻民主政制，但因施行暴政而在八个月后又被群众推翻；雅典恢复民主政治，但它又以莫须有的罪名处死了苏格拉底。苏格拉底之死给柏拉图留下了终身难以忘怀的印象，也改变了他一生的志向。从他70高龄时撰写的自传式的《第七封信》中可以看出，他在青年时期热衷于政治，希望能参加政治事务，公正地治理城邦，但是实际经验告诉他，包括雅典在内的所有城邦都不能做到这一点。最后，他认为只有在正确的哲学指导下才能分辨正义和非正义，只有当哲学家成为统治者，或者当政治家成为真正的哲学家时，城邦治理才能是真正公正的。这就是他在《国家篇》《国家篇》在过去译为《理想国》，就其希腊原名 Politeia 而言，没有"理想"的意思。但就其内容来说，柏拉图确实在书中阐述了一个理想的国家，它是柏拉图的"理想国"。中提出的一个重要思想，即所谓的"哲学王"，让哲学家治理国家，或让统治者成为哲学家。

柏拉图主要是哲学家，但也可以说他是一位政治家，一位政治思想家。柏拉图青年时产生的政治志向实际上贯穿他一生，他后来三次西西里之行就是为了实现他的政治理想。在他的对话中有不少地方讨论政治问题，集中讨论政治问题的除了《国家篇》以外，还有《政治家篇》和《克里底亚篇》。《克里底亚篇》是柏拉图的最后一篇对话，虽然只写了一个开头，但柏拉图在其中提出一个理想的"大西洋岛"，成为后来西方思想家们的乌托邦的原型，英国近代哲学家培根就写过一本《新大西洋岛》。

苏格拉底去世以后，柏拉图遵从老师的教导外出游历。他于公元前399年离开雅典，先后到过麦加拉、埃及、居勒尼、南意大利和西西里等地，到公元前387年才返回雅典。他在游历中考察了各地的政治、法律、宗教等制度，研究了数学、天文、力学、音乐等理论和各种哲学学派的学说。在这样广博的知识基础上，柏拉图逐步形成了他自己的学说，以及对改革社会制度的见解。他回到雅典以后便建立学园，全面制定他自己的哲学体系，进一步传播他的学说，培养人才，期望实现他的理想。

公元前387年，柏拉图在朋友的资助下在雅典城外西北角的阿卡德摩（Academus）建立学园。此地原为阿提卡英雄阿卡德摩的墓地，设有花园和运动场。这是欧洲历史上第一所综合性传授知识、进行学术研究、提供政治咨询、培养学者和政治人才的学校。柏拉图的学园建校后园址长期未变，直到公元前86年罗马统帅苏拉围攻雅典时才被迫迁入城内，以后一直存在到公元529年被东罗马皇帝查士丁尼下令关闭为止，前后持续存在达九百年之久。以后西方各国的主要学术研究院都沿袭它的名称叫 Academy。

学园的创立是柏拉图一生最重要的功绩。当时希腊世界大批最有才

华的青年受它的吸引，来到这里。他们聚集在柏拉图周围从事科学研究
和学术讨论，为后来西方各门自然科学和社会科学的发展提供了许多原
创性的思想。柏拉图的后半生除了短期去过西西里以外都在这里度过，
他的著作大多数在这里写成。可以说，柏拉图的学园在西方开创了学术
自由的传统，是希腊世界最重要的思想库和人才库。还应该提到的是，
柏拉图建立的学园 Academy 和后来西方各国沿袭这个名称的各种纯学
术研究团体也有不同，柏拉图学园的目的之一就是要为城邦培养治理人
才，与当时许多城邦有政治联系。虽然柏拉图在实践中经过多次碰壁以
后，他的政治理想也有所降低了，但他想按照哲学的正义原则治理城邦
的思想却并没有放弃。他的一生虽然以主要的精力从事哲学研究，越来
越少参加政治实践，但想以他的思想影响城邦统治者，俨然以"帝王师"
自居，这一点倒是和中国儒家的传统相近的。

为了能够实践自己的政治理想，柏拉图曾三次赴西西里岛与叙拉古
统治者狄奥尼修一世（Dionysus）打交道，希望说服后者制定新政，用
最好的法律来治理这个国家，但最后还是遭到失败。从此以后，柏拉图
放弃了参与政治实践，将全部精力用于办好学园。

公元前 347 年，柏拉图在参加一次婚礼宴会时无疾而终，享年 80
岁，葬于他耗费了半生才华的学园。柏拉图晚年在希腊世界享有崇高的
声誉，他当时在人们心目中的形象可用他的学生亚里士多德的悼词来
佐证：

"岩岩盛德，莫之能名。
光风霁月，涵育贞明。
有诵其文，有瞻其行。
乐此盛世，善以缮生。"①

----

① 罗泽编：《亚里士多德残篇》第 623 页，中译文引自吴寿彭《亚里士多德传》，《哲
学史论丛》，1980 年，第 434 页，吉林人民出版社出版。诗中大意是说，柏拉
图的崇高与伟大难以用言语来颂扬，他的文章和道德都已经达到最高境界，现
在再也没有一个人能够达到他这样高的成就了，他是仁慈的、幸福的。

二、柏拉图著作的真伪及次序

柏拉图的大部分著作都是对话。在希腊历史上，这种体裁虽然不是他第一个使用，但"柏拉图使这种写作形式得到完善，所以应该把发明对话并使之富有文采的功劳归于他"。① 柏拉图的对话不仅是哲学著作，而且也是文学作品，和著名的希腊史诗和戏剧一样，有着非常优美的文采，又有极其感人的魅力。"在柏拉图手里，对话体运用得特别灵活，不从抽象概念而从具体事例出发，生动鲜明，以浅喻深，由近及远，去伪存真，层层深入，使人不但看到思想的最后成就或结论，而且看到活的思想的辩证发展过程。柏拉图树立了这种对话体的典范，后来许多思想家都采用过这种形式，但是至今没有人能赶上他。柏拉图的对话是希腊文学中的一个卓越的贡献"。②

柏拉图对话所涉及的内容极为广泛，哲学、伦理、自然科学问题、政治、教育、语言、艺术，等等，几乎无所不谈。他以前的所有希腊哲学家的名字和某些重要学说都在对话中出现，惟有德谟克利特除外。他以前的希腊重要诗人、戏剧家的名字也多数出现在对话中。所以我们可以说柏拉图的对话是希腊文化的一部百科全书。通过阅读柏拉图对话，我们可以了解希腊民族的精神世界，从中得到精神的享受和文化的熏陶。

柏拉图对话的真伪，是二千多年来一直有争议的问题，我们在此作详细介绍。第欧根尼·拉尔修在《著名哲学家的生平和学说》第三卷中用了 15 节（第 48—62 节）的篇幅介绍柏拉图著作，其中比较重要的内容有：

一、早在公元前三世纪时，拜占庭的学问渊博的亚历山大图书馆馆长阿里斯托芬（约公元前 257—前 180 年，和著名喜剧作家阿里斯托

---

① 第欧根尼·拉尔修：《著名哲学家的生平和学说》第 3 卷，第 48 节。
② 朱光潜：《柏拉图文艺对话集》译后记，第 335 页。

芬同名）曾将柏拉图的对话按三篇一组的次序，分成以下各组：第一组：《国家篇》、《蒂迈欧篇》、《克里底亚篇》；第二组：《智者篇》、《政治家篇》、《克拉底鲁篇》；第三组：《法篇》、《弥努斯篇》、《厄庇诺米篇》；第四组：《泰阿泰德篇》、《欧绪弗洛篇》、《申辩篇》；第五组：《克里托篇》、《斐多篇》、《书信》。其他对话则作为独立著作，没有规定次序。①

　　二、公元一世纪时亚历山大里亚的塞拉绪罗（死于公元 36 年）说柏拉图的著作真的有 56 种，他将《国家篇》的十卷算成十种，12 卷的《法篇》算成 12 种，实际上只有 36 种。塞拉绪罗给每一种加上两个标题，一个是谈话人的名字，另一个是讨论的主题，还说明这对话是属于什么性质的。他按四篇一组（tetralogy）把全部对话分为九组：第一组：《欧绪弗洛篇》，或论虔敬，试验的，《苏格拉底的申辩》，伦理的，《克里托篇》，或论责任，伦理的，《斐多篇》，或论灵魂，伦理的；第二组：《克拉底鲁篇》，或论正名，逻辑的，《泰阿泰德篇》，或论知识，试验的，《智者篇》，或论存在，逻辑的，《政治家篇》，或论君王，逻辑的；第三组：《巴门尼德篇》，或论"相"，逻辑的，《斐莱布篇》，或论快乐，伦理的，《会饮篇》，或论善，伦理的，《斐德罗篇》，或论爱，伦理的；第四组：《阿尔基比亚德上篇》，或论人性，助产术的，《阿尔基比亚德下篇》，或论祈祷，助产术的，《希帕库篇》，或爱好获得者，伦理的，《竞争者篇》，或论哲学，伦理的；第五组：《塞革亚篇》，或论哲学，助产术的，《卡尔米德篇》，或论自制，试验的，《拉凯斯篇》，或论勇敢，助产术的，《吕西斯篇》，或论友爱，助产术的；第六组：《欧绪德谟篇》，或论诡辩，反驳的，《普罗泰戈拉篇》，或论智者，批判的，《高尔吉亚篇》，或论修辞，反驳的，《美诺篇》，或论美德，试验的；第七组：《大希庇亚篇》，或论美，反驳的，《小希庇亚篇》，或论虚假，反驳的，《伊安篇》，或论《伊利昂纪》，试验的，《美涅克塞努篇》，或葬礼演说，伦理的；第八组：《克利托芬篇》，或异论，伦理的，《国家篇》，或论正义，

---

① 第欧根尼·拉尔修：《著名哲学家的生平和学说》第 3 卷，第 61—62 节。

政治的,《蒂迈欧篇》,或论自然,物理的,《克里底亚篇》,或大西洋岛故事,伦理的;第九组:《弥努斯篇》,或论法,政治的,《法篇》,或论立法,政治的,《厄庇诺米篇》,或夜间议会或哲学家,政治的,《书信》,13 封信,伦理的。①

三、第欧根尼·拉尔修指出:以下十篇托名柏拉图的对话,已被认为是伪作。它们是:《弥冬篇》(Midon) 或《养马人篇》;《厄律克西亚篇》(Eryxias) 或《厄拉西特拉图篇》;《阿尔孔篇》(Alcyon) 或《西绪福篇》(Sisyphus);《阿克西俄库篇》(Axiochus);《弗阿克人篇》(Phaeacians);《德谟多库篇》(Demodocus);《凯利冬篇》(Chelidon);《第七天篇》或《赫伯多米篇》(Hepdomic);《厄庇美尼德篇》(Epimenides)。② 这些被认定是伪作的对话有些已经失传。

公元五世纪的柏拉图学园也发生了对柏拉图著作真伪问题的争论。当时著名的新柏拉图主义代表人物之一普洛克罗 (Proclus,公元410—485 年) 不仅认为《厄庇诺米篇》和《书信》是伪作,甚至认为最重要的《国家篇》也是伪作。

近代西方学术界疑古成风,19 世纪有许多哲学史家对柏拉图的著作真伪提出质疑。当时的学者把柏拉图的思想看成是前后一贯的、严格的哲学体系,认为《国家篇》的思想是这个体系的总结和顶峰。按照这种想法,他们把那些和《国家篇》思想有明显不一致的对话当作伪作,并以此安排柏拉图对话的先后次序。比如著名的哲学史家文德尔班在1892 年出版的《哲学史教程》中认为:"在可疑作品中最重要的是《智者篇》、《政治家篇》和《巴门尼德篇》。这些作品也许不是柏拉图创作的,很可能是他的学派中和爱利亚学派的辩证法和论辩术有密切关系的人们写成的。"③ 哲学史家宇伯威格总结说:"如果我们把古代和近代的批评加在一起,那么塞拉绪罗提出的四种一组的 36 种著作中,只有五种从来

---

① 第欧根尼·拉尔修:《著名哲学家的生平和学说》第 3 卷,第 59—61 节。

② 第欧根尼·拉尔修:《著名哲学家的生平和学说》第 3 卷,第 62 节。

③ 文德尔班:《哲学史教程》中译本上册,第 142—143 页。

没有遭到过怀疑。"①

　　进入 20 世纪以来，学者们经过认真研究，取得了比较一致的意见，肯定现存柏拉图作品中大多数作品，特别是那些重要的著作是真作。纳入这个中译本《柏拉图全集》正文的 26 篇对话被公认为柏拉图真作，纳入附录的两篇对话和书信的真伪虽仍有争议，但多数学者持肯定态度。因此我们大致可以放心地说，这 26 篇对话是柏拉图的原作，是我们可以用来研究柏拉图思想的第一手资料，而对附录中的两篇对话则可当作参考资料来用。

　　柏拉图的《书信》共有 13 封，主要是关于柏拉图思想和实际活动的传记性记录，对于了解柏拉图的生平及其为人都很重要。对其真伪，学者们也有各种不同的说法。但大多数学者认为其中最重要也是最长的第七、第八两封信是真的；对第一、第二、第十二等三封信则认为是伪作的较多。

　　柏拉图从事对话写作前后相距约 50 年，要为它们安排一个写作时间上的顺序非常困难。古代似乎还没有人想到要把柏拉图的全部著作按先后次序排列，只是有人将它们按照内容进行分类，如上面提到塞拉绪罗将柏拉图的对话分别定为伦理的、政治的、逻辑的，等等。第欧根尼还记录了他们的分类法：将对话分为两大类：教授的和研究的，教授的又可以分为理论的和实践的，理论的分为物理的和逻辑的，实际的分为伦理的和政治的；研究的也可以分为两种，一种是训练心灵的，另一种是战胜论敌的；前者又分为助产术的和试验的；后者又分为提出批评反驳的和推翻论敌主要观点的。②

　　19 世纪一些哲学史家和古典学者提出有关柏拉图对话的分类和先后次序的看法，其中最有代表性的是以下几家。

　　古典"解释学"的创始人、德国著名的柏拉图专家施莱尔马赫（F.Schleiermacher）认为柏拉图从青年时代开始就意识到自己的哲学目

① 宇伯威格－普雷希特：《古代哲学》，第 195 页。
② 第欧根尼·拉尔修：《著名哲学家的生平和学说》第 3 卷，第 49 节。

的，有完整的系统框架，所以他撰写对话有明确意识到的顺序。据此他将柏拉图对话分为三个不同阶段：第一，预备性的，主要是《斐德罗篇》、《普罗泰戈拉篇》、《巴门尼德篇》，作为辅助的有《吕西斯篇》、《拉凯斯篇》、《卡尔米德篇》、《欧绪弗洛篇》、《申辩篇》、《克里托篇》等。第二，间接探讨性的，主要说明知识和理智活动，它们是《泰阿泰德篇》、《智者篇》、《政治家篇》、《斐多篇》、《斐莱布篇》，作为辅助的有《高尔吉亚篇》、《美诺篇》、《欧绪德谟篇》、《克拉底鲁篇》、《会饮篇》等。第三，建设性的，主要是《国家篇》、《蒂迈欧篇》、《克里底亚篇》，作为辅助的是《法篇》。①

阿斯特（G.A.E.Ast）的看法恰恰相反，从根本上否认施莱尔马赫的论断。他认为各篇对话之间没有任何内在联系，这些对话无论是内容还是形式都是戏剧性的，每篇对话都是一个哲学的剧本，其目的是多方面的，不可能设想有共同的哲学目的，绝大多数对话没有肯定的哲学结果。他认为柏拉图是融诗人、艺术家、哲学家于一身的人，根本不会提出任何肯定的见解，没有一个完整的哲学体系。他无非是推动学生们去思考研究，每篇对话都是独立的著作，每篇伟大的对话都像一个有生命的机体，是精巧完成的均衡的整体。他将柏拉图的著作分为三类：第一，诗和戏剧性占优势的，有《普罗泰戈拉篇》、《斐德罗篇》、《高尔吉亚篇》、《斐多篇》。第二，突出辩证法因素的，有《泰阿泰德篇》、《智者篇》、《政治家篇》、《巴门尼德篇》、《克拉底鲁篇》。第三，诗和辩证法因素相结合的，有《斐莱布篇》、《会饮篇》、《国家篇》、《蒂迈欧篇》、《克里底亚篇》。他还认为只有这14篇对话是柏拉图的真作。②

赫尔曼（K.F.Hermann）和施莱尔马赫一样认为柏拉图的全部著作是一个有机发展的整体，但他并不认为它们是事先设计的产物，而是柏拉图思想发展过程的自然产物。他以苏格拉底之死和第一次西西里之行

① 施莱尔马赫：《柏拉图对话导论》，第1—47页。
② 阿斯特：《柏拉图的生平和著作》第376页，引自格罗特：《柏拉图及苏格拉底其他友人》第1卷，第175页。

结识毕泰戈拉学派这两件事实作标志，将柏拉图对话分为三个时期：第一，苏格拉底学派时期，都是短篇对话，主要有《吕西斯篇》、《卡尔米德篇》、《拉凯斯篇》、《普罗泰戈拉篇》、《欧绪德谟篇》，认为这些对话都写于苏格拉底被处死以前，写作目的是反对当时的智者；苏格拉底死后接着写下《申辩篇》、《克里托篇》、《高尔吉亚篇》、《欧绪弗洛篇》、《美诺篇》。第二，麦加拉时期或辩证法时期，《泰阿泰德篇》、《克拉底鲁篇》、《智者篇》、《政治家篇》、《巴门尼德篇》。第三，成熟时期，从公元前385年到去世，受毕泰戈拉学派重大影响的著作有《斐德罗篇》、《会饮篇》、《斐多篇》、《斐莱布篇》、《国家篇》、《蒂迈欧篇》、《克里底亚篇》，最后是《法篇》。①

　　上述学者的分类或分期带有很强的主观成分。这种主观性解释的最突出的例子是蒙克（E.Munk）。他认为柏拉图对话是在苏格拉底死后将他当作真正的哲学家的理想典范来写的，因此他主张一种完全不同的排列次序，认为这些对话展示了苏格拉底一生的哲学成长；从苏格拉底作为一个少年出现的《巴门尼德篇》开始，由巴门尼德将他引进哲学，直到苏格拉底一生的最后一幕，表现苏格拉底之死的《斐多篇》是最后一篇对话。从《巴门尼德篇》到《斐多篇》，部分是艺术的顺序，是相继的历史剧；部分是哲学的顺序，是他学说的发展史，这就形成了一个苏格拉底的圆圈。但这种看法现在已经很少有人接受了。②

　　从19世纪后半叶开始，学者们逐渐采取比较科学的方法进行研究，经过学者们的长期努力，有关柏拉图对话的先后顺序和分期问题基本上取得了比较一致或相接近的意见。他们研究使用的方法有以下这些：

　　第一，根据文体风格和语言检验。

　　柏拉图的著述活动前后经历半个世纪之久，他使用的词汇、文法、

---

① 赫尔曼：《柏拉图著作的历史和体系》，第340、368页，引自格罗特：《柏拉图及苏格拉底其他友人》第1卷，第176—178页。

② 蒙克：《柏拉图著作的自然顺序》，引自卢托斯拉夫斯基：《柏拉图的逻辑学的起源和发展》，第51—52页。

句子结构必然是有改变的。一些学者根据这个特点研究柏拉图的对话，最早是由英国著名的古典学者坎贝尔在他1867年发表的著作《柏拉图的〈智者篇〉和〈政治家篇〉：附修订的希腊语校勘和英语注释》一书中提出的。亚里士多德在《政治学》（1264B26）中说《法篇》是柏拉图晚年著作，迟于《国家篇》，第欧根尼·拉尔修记载说《法篇》是柏拉图死后留在蜡版上未加修饰的著作。① 坎贝尔依据这些记载，把《法篇》定为柏拉图的最后著作，作为一个鉴定标准。他又赞同学者们的普遍看法，《申辩篇》、《克里托篇》是柏拉图最早的著作，作为另一个鉴定标准。确定了柏拉图最早的对话和最迟的对话以后，他考察柏拉图各篇对话中使用的词汇、文法、结构，考察文体风格的演变和各种语言现象，尤其是柏拉图使用小品副词和虚词（如冠词、副词、前置词、连接词等）的演变情况。通过这样的考察可以看出《法篇》和《申辩篇》的区别很大，《蒂迈欧篇》、《克里底亚篇》、《斐莱布篇》与《法篇》比较接近，可以将它们定为后期著作，而《国家篇》、《斐德罗篇》、《泰阿泰德篇》、《巴门尼德篇》等处于两个极端之间。

第二，根据古代著作的直接证据。

古代著作中提到的柏拉图对话的先后材料是确定它们的次序的有力旁证资料，如上面提到过的亚里士多德说过《法篇》后于《国家篇》以及第欧根尼·拉尔修提到《法篇》是柏拉图最后未加润饰的作品。但是这类材料不但不多，使用时也必须慎重。

第三，根据对话中涉及的有关人物和事件。

这也是判断对话编年顺序的有效方法，可惜在对话中提到的这类事实也不多。一般都举《泰阿泰德篇》为例。这篇对话开始就提到参加科林斯战役的泰阿泰德因受伤和染病被送回雅典，不久死亡。历史上发生过的科林斯战役有两次，分别在公元前394年和369年。学者们经过仔细考证，肯定泰阿泰德参加的是公元前369年的那一次，由此确定这篇对话写于这一年以后。又如《法篇》（638 B）中提到叙拉古征服洛克利，

---

① 第欧根尼·拉尔修：《著名哲学家的生平和学说》第3卷，第37节。

这件事发生在公元前356年，是狄奥尼修二世干的，当时柏拉图已经超过70岁了，由此也可以佐证《法篇》是柏拉图的晚年著作。但在使用这个方法时也要十分慎重。比如柏拉图在《巴门尼德篇》中讲的少年苏格拉底和老年巴门尼德的会晤，在《智者篇》和《泰阿泰德篇》又重提过。究竟历史上是否真的发生过这样一次会晤？学者们也一直有争论。有人认为这是符合历史事实的，并以此来推算巴门尼德的生年；有人则认为这是柏拉图的虚构，历史上根本不可能发生这样一次会晤。

第四，根据对话中相互涉及的内容。

在一篇对话中提到另外一篇对话的有关内容，这是判断这些对话的先后次序问题的重要材料。《智者篇》和《泰阿泰德篇》中重述《巴门尼德篇》中叙述的那次苏格拉底和巴门尼德的会晤，许多学者据此认为这两篇对话后于《巴门尼德篇》。《智者篇》开始提出的问题是要讨论智者、政治家、哲学家这三种人的性质，要分别为他们下定义。由爱利亚来的客人和三个对话者塞奥多洛、少年苏格拉底、泰阿泰德分别讨论。《智者篇》是由泰阿泰德回答有关智者的问题，《政治家篇》是由少年苏格拉底回答有关政治家的问题。因此学者们认为《政治家篇》后于《智者篇》，二者是紧接着的一组；按照柏拉图原来的设计，本来还应该有由塞奥多洛回答有关哲学家问题的《哲学家篇》，可惜没有写成。这样《巴门尼德篇》、《泰阿泰德篇》、《智者篇》、《政治家篇》四篇对话的先后次序大致可以肯定，它们的内容和形式也是比较接近的。与此类似，在《蒂迈欧篇》开始柏拉图也安排了三个人，蒂迈欧、克里底亚、赫谟克拉底与苏格拉底对话。《蒂迈欧篇》由蒂迈欧主讲有关自然界、宇宙直至动植物的生成和构造问题，《克里底亚篇》由克里底亚主讲有关政治、社会和国家的生成问题，可惜只写了个开始；也有人由此推论柏拉图原来可能计划还有一篇由赫谟克拉底主讲的对话，主要内容可能是讨论人、知识和哲学（或伦理道德）问题。

第五，依据苏格拉底在对话中的地位以及对话中戏剧性成分的多少来确定对话顺序。

除了以上四种方法和根据外，一般学者还使用另一种方法判断柏拉图对话的先后顺序，即看苏格拉底在对话中的地位以及对话中戏剧性的多少来确定。在柏拉图的早期对话直到《国家篇》中，苏格拉底始终是主要发言人，一直由他领导讨论，重要的思想和理论都是通过他的口来阐述的。讨论的形式也比较生动活泼，一问一答，长篇论述较少，经常有别人插话，讽刺幽默，戏剧性的场面较多。从《巴门尼德篇》开始，苏格拉底成为少年苏格拉底，原来独占的主讲人地位被巴门尼德取代了。《智者篇》和《政治家篇》中，领导对话的是巴门尼德的同乡、从爱利亚来的客人，苏格拉底也只是少年苏格拉底，虽然在《政治家篇》中，他还是主要谈话人，在《蒂迈欧篇》中苏格拉底仅只是个简单的提问题者，到《法篇》便根本没有苏格拉底出现了。这些后期对话还有一个特点，就是原来戏剧性场面大为减少，对话往往由两个人进行，其中之一是主讲人，长篇大论地发表他的理论，另一个人不过简单提点问题而已。因此有人认为柏拉图年纪越大，年轻时的文学创作天才就越少。但是我们应该看到问题的另一面，那便是柏拉图的哲学思想随着他年龄的增长越来越成熟和深刻了。当然这个标准也同样不能绝对化，在被认为是柏拉图的后期著作中，至少《泰阿泰德篇》和《斐莱布篇》是例外，这两篇对话的主要发言人仍是苏格拉底，对话的形式也比较活泼。其中《泰阿泰德篇》还是比较接近《国家篇》时期的著作，所以也有人将它列为中期对话。至于《斐莱布篇》，由于这篇对话是讨论伦理问题的，所以有人认为主要发言人当然非苏格拉底莫属。

西方学者使用上述各种方法，分别提出了各自有关柏拉图对话的编年顺序。罗斯在《柏拉图的相论》书中将它们总结概括排列成对照表。[①]他们虽然各有不同，但大体上我们可以看出有以下一些共同点：

第一，《卡尔米德篇》、《拉凯斯篇》、《吕西斯篇》，这三篇都是讨论某个伦理问题——自制、勇敢、友爱的，从内容到形式都极其相似，自古以来被人摆在一起，加上讨论虔敬的《欧绪弗洛篇》讨论美德和知识的《普罗泰戈拉篇》，讨论美的《大希庇亚篇》和《伊安篇》，大体上都

---

① 罗斯:《柏拉图的相论》，第2页，参看范明生:《柏拉图哲学述评》，第44—45页。

摆在一起，虽然先后次序各有不同，但都将它们归属于初期的苏格拉底的对话。

第二，《申辩篇》和描述他不愿越狱的《克里托篇》在时间和内容上都是相联的，都是记述苏格拉底为人的，也属于初期对话。凡是主张柏拉图是在苏格拉底去世后才开始写对话的学者往往将这两篇置于所有对话之首，认为《申辩篇》是柏拉图写的第一篇对话，凡是主张柏拉图在苏格拉底去世以前已经写过对话的则将这两篇插进以上初期对话之中。

第三，《斐多篇》虽然写的是苏格拉底服毒以前的情况，在时间上紧接《克里托篇》以后，但一般学者都认为《斐多篇》陈述柏拉图相论的重要思想，和《国家篇》并列，是柏拉图中期的主要对话。不过《国家篇》的第一卷一般认为是柏拉图初期写的，后来才写第二至第十卷。

第四，《美诺篇》、《欧绪德谟篇》、《高尔吉亚篇》、《美涅克塞努篇》和《克拉底鲁篇》一般都列在初期对话和《斐多篇》至《国家篇》之间。

第五，《会饮篇》和《斐德罗篇》是两篇内容和形式都非常接近的对话，一般将它们和《斐多篇》、《国家篇》列在一起。《斐德罗篇》后半部分所讲的内容——辩证法，已经和《智者篇》、《政治家篇》接近了。

第六，《巴门尼德篇》、《泰阿泰德篇》、《智者篇》和《政治家篇》这四篇对话，一般都连在一起，列在《国家篇》之后，已经属于柏拉图后期对话，也有人将前两篇对话列为中期对话。

第七，肯定属于后期对话的，还有《蒂迈欧篇》、《克里底亚篇》、《斐莱布篇》和《法篇》。

这样当代柏拉图学者大体上已经可以说是得出了基本上比较一致的结论，虽然对某几篇对话应该摆前一点还是后一点还存在分歧；但对主要对话的位置却基本上肯定了。其中最重要的一点就是不再认为《国家篇》是全部柏拉图哲学体系的总结，也就是最后的对话，而认为它只是柏拉图前期相论的总结。

我国的希腊哲学专家范明生先生借鉴西方学者的研究成果，将柏拉图的对话分为三期，特摘录如下，供读者参考。①

　　一、早期对话：《申辩篇》、《克里托篇》、《拉凯斯篇》、《吕西斯篇》、《卡尔米德篇》、《欧绪弗洛篇》、《小希庇亚篇》、《普罗泰戈拉篇》、《高尔吉亚篇》、《伊安篇》。这些对话属于所谓的"苏格拉底的对话"，它们的主要论题和方法基本上属于苏格拉底，其哲学内容主要作为苏格拉底和智者的思想资料来引用，但也包括柏拉图在写作加工中掺入的部分思想。

　　二、中期对话：《欧绪德谟篇》、《美涅克塞努篇》、《克拉底鲁篇》、《美诺篇》、《斐多篇》、《会饮篇》、《国家篇》、《斐德罗篇》。这个时期柏拉图已经摆脱苏格拉底的影响，建立起自己的哲学体系，对话所表现的哲学内容可以视为柏拉图本人的思想。

　　三、后期对话：《巴门尼德篇》、《泰阿泰德篇》、《智者篇》、《政治家篇》、《斐莱布篇》、《蒂迈欧篇》、《克里底亚篇》、《法篇》。与中期对话相比，这个时期柏拉图的思想发生显著变化，是对中期思想的修正、发展和更新。

三、柏拉图著作的版本

　　柏拉图著作的编纂、校订、注释在西方学术界有很长的历史。最早的拉丁文版柏拉图著作于 1483—1484 年由斐奇诺（Marsilio Ficino, 1433—1499 年）编纂，出版于翡冷翠（即佛罗伦萨），1491 年在威尼斯重印。最早的希腊文版是由马努修斯（A.Manutius）1513 年在威尼斯出版的。1578 年由斯特方（H.Stephanus）在巴黎出版的希腊文版，并附有萨尔拉努（J.Serranus）的拉丁文译文的三卷本。斯特方所编定的分卷、页码和分栏（A，B，C，D，E），以后为各国学者广泛采用。如：《国家篇》429 D，即指斯特方本第 429 页 D 栏，中译《柏拉图

---

① 　参阅汪子嵩等：《希腊哲学史》第二卷，第 641 页。上述分期及对话次序与本书的编排顺序并不一致，请勿混淆。

全集》亦将标准页的页码和分栏作为边码标出。后来，德国的贝刻尔（I.Bekker）将历来的注释一并辑入，1823 年于柏林发表了校刊本。迄今为止，公认为较好的柏拉图著作的希腊文版，是由英国哲学史家伯奈特（J.Burnet，1863—1923 年）校订的牛津版六卷本《柏拉图著作集》（Platonis Opera，1899—1906 年）。

自古以来，有关柏拉图著作，有大量的注释，如亚历山大里亚的欧多鲁斯（Eudorus of Alexandria，约公元前一世纪）、士麦拿的塞俄（Theo of smyrna，约公元二世纪）和阿尔比努（Albinus）等人的注释，都受到后人重视。近代的一些学者对古代的注释进行了整理，汇集在一起出版。如斯塔尔鲍姆（G.Stalbaum）1827—1842 年于德国的戈塔（Gotha）和埃尔福特（Erfurt）出版的 12 卷本；赫尔曼（K.F.Hermann）1851—1853 年于莱比锡出版的六卷本，以后，沃尔拉布（M.Wohlrab）1884—1887 年出版的修订版。

现代各种通行语言的柏拉图著作的译本更是不胜枚举。这里择要列举英、法、德文的著名译本。

英译柏拉图著作的全译本，最早是泰勒（T.Taylor）1804 年于伦敦出版的五卷全译本，接着是由卡里（Cary）和戴维斯（Davis）等分别译出的博恩（Bohn）版六卷全译本。现在流传较广的是乔伊特（B.Jowett）1871 年发表的牛津版五卷本，每篇对话都有详细的引论、分析提要；近年来有人进行个别修订，于 1953 年出了第四版修订本。此外，常用的还有由伯里（R.G.Bury）、肖里（P.Shorey）等分别译出的 12 卷本洛布（Loeb）古典丛书版，是希腊文和英译对照的。美国的汉密尔顿（H.Hamilton）和亨廷顿·凯恩斯（Huntington Cairns）等将现有较好的各家不同的译文汇编在一起，1963 年出版了普林斯顿版的一卷本《柏拉图对话全集》，附有比较完整的索引，使用起来比较方便。

法文译本比较通行的是由著名古典学者罗斑（L.Robin）和克若瓦塞（Croiset）等分工译出的布德学会（Association Guillaume Bude）版本，每篇对话都有引论，说明写作的年代背景、来源、结构以及对话人物和讨论的主题等。

　　重要德文译本有米勒（H.Müller）于 1850—1860 年发表的莱比锡版的八卷本；施莱尔马赫译的六卷本，1804—1810 年柏林版；米勒译的八卷本，1850—1866 年莱比锡版；阿佩尔特（O.Apelt）1912—1922 年发表的莱比锡版 25 卷本，附有比较丰富的文献资料和比较详备的索引；奥托（W.F.Otto）等根据施莱尔马赫译本和斯特方编码于 1957—1959 年出版了六卷本的通俗柏拉图全集，称作 Rowohlt 版本；1974 年吉贡（Gigon）又重新出版了米勒的八卷本，苏黎世和慕尼黑版；1970—1983 年霍夫曼等（H.Hofmann）等在施莱尔马赫和米勒版本基础上重新加工出版了《柏拉图研究版》，八卷九册，是德希对照本，希腊文根据的是法国布德学会版。

　　重要法文译本有：库赞（V.Cousin）于 1825—1840 年编译的 13 卷本；罗斑等自 20 世纪初至三四十年代完成的布德学会版，一直享有盛誉，再版至今；还有苏依莱（J.Souilhe）译的全集，1926 年完成；尚布利（E.Chambry）和巴柯（R.Baccou）翻译的八卷本，自 30 年代至 50 年代巴黎版；70 年代以来拉卡斯（A.Laks）、布利松（L.Brisson）等校订或重译尚布利和巴柯的译本，新译本在陆续出版。

　　意大利文译本，现在常用的有三种：马尔梯尼（E.Martini）译本，1915—1930 年第一版，1975 年第二版；瓦吉米利（M.Valgimigli）等九人合译的九卷本，1987 年最后完成；由阿多尔诺（F.Adorno）和冈比亚纳（G.Cambiano）合译的全集，1988 年完成。

　　自从 20 世纪 20 年代以来，柏拉图的思想经过中国学者们的介绍和研究，逐渐为中国人所了解，柏拉图的许多对话已被严群、朱光潜、陈康等著名学者翻译成中文。许多重要学者也高度重视柏拉图对话的翻译，做过许多工作，如张东荪等。改革开放以来，中国大陆又有一些新译本问世，香港学者邝健行亦翻译了一些柏拉图对话。尽译柏拉图对话是许多老一辈学者的理想和毕生为之奋斗的目标，然而由于种种原因，《柏拉图全集》一直未能问世，但他们作出的贡献是任何时候都不可抹杀的。为了纪念他们的功绩，亦为了能使读者对照已有译本进行研究，兹将译者所知道的所有柏拉图对话中译本列举如下（按出版年代先后为序）：

  吴献书译：《理想国》，商务印书馆，1921 年版，1957 年重印。

  张师竹等译：《柏拉图对话集六种》，商务印书馆，1933 年版。

  郭斌和、景昌极译：《柏拉图五大对话》，商务印书馆，1934 年版。

  陈康译注：《巴曼尼得斯篇》（即《巴门尼德篇》），商务印书馆，1946 年版，1982 年重印。

  严群译：《泰阿泰德、智术之师》（即《智者篇》），商务印书馆，1961 年版。

  朱光潜译：《柏拉图文艺对话集》，人民出版社，1963 年版，1980 年重印。

  严群译：《游叙弗伦、苏格拉底的申辩、克里同》（即《申辩篇》、《欧绪弗洛篇》、《克里托篇》），商务印书馆，1983 年版。

  邝健行译：《波罗塔哥拉篇》（即《普罗泰戈拉篇》），台北中国文化大学出版社，1985 年版。

  郭斌和、张竹明译：《理想国》（即《国家篇》），商务印书馆，1986 年版。

  严群译：《赖锡斯、拉哈斯、费雷泊士》（即《吕西斯篇》、《拉凯斯篇》、《斐莱布篇》），商务印书馆，1993 年版。

  黄克剑译：《政治家》，北京广播学院出版社，1994 年版。

  戴子钦译：《柏拉图对话七篇》，辽宁教育出版社，1998 年版。

  杨绛译：《斐多》，辽宁人民出版社，2000 年版。

四、有关中译《柏拉图全集》的说明

  中译《柏拉图全集》的翻译工作是在前人努力的基础上进行的，但它不是上述中译文的汇编，不是老译文加新译文，而是由译者全部重译并编辑的一个全集本。之所以要这样做，那是因为汉语和中国的教育制度在 20 世纪中发生了巨大的变化，现在的中青年读者若无文言文功底，对出自老一辈翻译家之手的柏拉图对话已经读不懂了。已有译本出自多人之手，专有名词和重要哲学术语的译名很不统一。为了解决这些难题以适应时代和读者的需要，译者不得不放弃捷径，将柏拉图著作全部重译，这样做决不意味着对前人工作的不敬。

柏拉图对话的原文是古希腊文，要译成汉语，最佳途径当然是从希腊原文直接翻译。但是，这种做法要求翻译者具有很高的希腊语水平，而希腊语的难度是任何一位学过希腊语的中国人都能体会得到的。译者师从首开中国学界研究希腊哲学之先河的严群先生，在攻读硕士学位期间聆听先生教诲，修习了古希腊文。后来赴英国利兹大学攻读博士学位期间又由 Barbara Spensley 博士单独传授古希腊文两年。然而由于种种原因，译者至今仍未能达到抛开辞典和各种已有西文译本，仅依据希腊原文进行翻译的水准。本人在跨入新世纪的时候已经在向 50 岁靠拢，而又热切希望能尽早完成先师严群先生未竟之愿，故此这个译本各篇以希腊原文为基准，版本为娄卜丛书中的《柏拉图文集》(Plato, Plato, The Loeb Classical Library, Harvard University Press, 12 vols.)，翻译中参考了学术界公认的权威英译文。这种做法希望学界人士予以理解。译者对中国学界所有能抛开一切西文译本，从希腊原文直接翻译希腊典籍的学者均表示敬意，亦望学者们能依据希腊原文指出译文中的问题，以利译者修正错误。

中译《柏拉图全集》在编排上借鉴了由伊迪丝·汉密尔顿和亨廷顿·凯恩斯编辑的《柏拉图对话全集》(Edith Hamilton & Huntington Cairns, ed., Plato The Collected Dialogues, including the letters, with Introduction and Prefactory Notes, Princeton, 1961)。这个英译本汇集了西方研究柏拉图哲学的顶尖学者 (F. M. Cornford, W. K. C. Guthrie, Benjamin Jowett, W. H. D. Rouse, A. E. Taylor, J. Wright 等) 的译本，其权威性在学术界得到公认，到 1987 年为止已经重印 13 次。编者之一伊迪丝·汉密尔顿女士在这个版本中为各篇对话写了短序，对我们理解各篇对话的概况有一定作用，故采纳，作为中译本各对话的提要。

译者从读硕士研究生开始即有幸得到汪子嵩、范明生、陈村富、姚介厚等先生的教诲，对他们从事的多卷本《希腊哲学史》的写作过程很清楚，也为配合该书的写作编制过专门的"希腊罗马姓名译名手册"。为此，《柏拉图全集》的专有名词中译以《希腊哲学史》中的译名为基准，哲学术语的译法也尽可能多地吸取《希腊哲学史》的研究成果。

为了能够凸显中译《柏拉图全集》的学术功能，便于学者们在研究中使用，译者参考西方学术界的研究成果和已有中文研究著作，尤其是范明生先生的研究成果，制作了柏拉图年表、谱系表、译名对照表、篇名缩略语表和全书索引，在此对范明生先生的特许表示谢意。

翻译柏拉图对话需要有高度的哲学修养和文学修养，也需要有关于希腊生活方方面面的知识。译者的学术兴趣主要属于哲学学科，在翻译中惟有本着"忠实、通顺"的原则，力求将文本的原意表达出来，因此有许多地方无法兼顾到文采，这也是要请读者们理解的地方。

译作的完成之日，就是接受批评的开始。敬请读者在发现错误的时候发表批评意见，并与译者取得联系（通信地址：100084 清华大学人文学院哲学系；电子邮件：xiaochao@tsinghua.edu.cn），以便译者在有需要再版时予以修正。

王晓朝

于北京清华园

2001 年 4 月 8 日

柏拉图年表 [①]

6100 年　西亚移民定居克里特岛。

3000 年　克里特岛进入青铜时代。

2000—1500 年　克里特文明（弥诺斯文化）。

1600—1380 年　克里特文明三次被毁。

2000 年　欧洲地区部落大迁徙，阿该亚人进入希腊半岛。

1600—1500 年　迈锡尼文明创建，希腊语的线形文字 B 代替以前的线形文字 A，向奴隶制过渡。

1500 年　阿该亚人进入克里特岛，取代原有居民，在克里特的主要城市建立统治。

十二世纪初　迈锡尼的阿伽门农（Agamemnon）统帅希腊半岛境内的联军，远征小亚细亚西岸的特洛伊。

1125 年左右　巴尔干地区部落大迁徙，多立斯人摧毁迈锡尼，迈锡尼文明告终。

1000 年左右　爱琴海地区进入铁器时代。

900—800 年　具有固定地区和共同方言的埃俄利亚人、伊奥尼亚人、多立斯人形成。传说中的荷马（Homer）、赫西奥德（Hesiod）时代。开始在南意大利（大希腊）殖民。

776 年　第一次奥林匹克赛会（竞技会、运动会）举行。

---

① 本年表根据范明生先生《柏拉图哲学述评》（上海人民出版社 1984 年版，第 515—522 页）所附年表改编，译者对人名、地名等专有名词的译名作了统一，部分内容作了修改与补充。年表中的年代除特别标明外全部指公元前，有关柏拉图著作的撰写年代仅供参考。

804 年　传说中的莱喀古斯（Lycurgus）为斯巴达立法。

660 年　扎琉库斯（Zaleucus）为南意大利希腊殖民城邦洛克里制定已知希腊最早法律。

640 年　卡隆达斯（Charondas）为西西里希腊殖民城邦卡塔那制定法律。

624?—547? 年　米利都学派哲学家泰勒斯（Thales）。

620 年　雅典执政官德拉科（Dracos）并颁布法律。

610?—546? 年　米利都学派哲学家阿那克西曼德（Anaxi mander）。

6 世纪初　奥菲斯（Orpheus）教兴起。

594—593 年　梭伦（Solon）改革，颁布解负令，废除债务奴隶制，创立四百人议事会。

588?—525? 年　米利都学派哲学家阿那克西美尼（Anaxi menes）。

580?—500? 年　毕泰戈拉学派创始人毕泰戈拉（Pythagoras）。

565?—473? 年　爱利亚学派先驱者塞诺芬尼（Xenophanes）。

560—527 年　庇西特拉图（Pisistratus）成为雅典僭主。

546—545 年　波斯征服小亚细亚沿海希腊殖民城邦。

544—541 年　米利都哀歌体诗人福库利得（Phocylides）鼎盛年。

540 年　麦加拉哀歌体诗人塞奥格尼（Theognis）鼎盛年。

540—480 年　爱菲索哲学家赫拉克利特（Heraclitus）。

540 年　波吕克利图（Polyclitus）成为萨摩斯僭主。毕泰戈拉移居南意大利克罗顿，意大利学派兴起。

525—456 年　悲剧诗人埃斯库罗斯（Aeschylus）。

518—438 年　抒情诗人品达（Pindar）。

约 6—5 世纪　爱利亚学派哲学家巴门尼德（Parmenides）。

510 年　庇西特拉图建立的僭主政体告终。

509 年　政治家克利斯提尼（Cleisthenes）在雅典确立民主政体，积极推行改革。

500?—440? 年　原子论哲学家留基伯（Leucippus）。

500?—428? 年　多元论哲学家阿那克萨哥拉（Anaxagoras）。

499 年　小亚细亚伊奥尼亚城邦起义反对波斯的统治。

496?—406 年　悲剧诗人索福克勒斯（Sophocles）。

492—449 年　希波战争。

490 年　马拉松之役。希腊雕刻家斐狄亚斯（Phidias）出生于雅典。爱利亚学派哲学家芝诺（Zeno）出生于爱利亚。

487 年　雅典创立贝壳驱逐法以防止僭主政体。

485?—406 年　悲剧诗人欧里庇得斯（Euripides）。

484? 年　历史学家希罗多德（Herodotus）出生。

483?—375? 年　智者高尔吉亚（Gorgias）。

483—482 年　雅典发现新银矿，国库增加收入。

481?—411? 年　智者普罗塔哥拉（Protagoras）。

479 年　伊奥尼亚诸希腊城邦争取独立，试图摆脱波斯统治。

478 年　以雅典为首建立提洛同盟。

472 年　埃斯库罗斯的悲剧《波斯人》参加演出得头奖。

469—399 年　哲学家苏格拉底（Socrates）。

465 年　埃斯库罗斯的悲剧《普罗米修斯》演出。

464 年　斯巴达地震，国有奴隶希洛人起义。

462 年　政治家伯里克利（Pericles）开始在雅典产生影响。

460 年　雅典推行陪审员薪给制。

460?—400? 年　历史学家修昔底德（Thucydides）。

460?—370? 年　医学家希波克拉底（Hippocrates）。

460?—370? 年　原子论哲学家德谟克利特（Democritus）。

458 年　索福克勒斯的悲剧《阿伽门农》演出得头奖。

457 年　雅典人和斯巴达人战于塔那格拉，雅典战败。

454—453 年　提洛同盟金库从提洛移到雅典，标志着雅典海上帝国的建立。

451 年　雅典修改公民资格法律，限制公民人数。雅典进入全盛时代。

450—385? 年　喜剧诗人阿里斯托芬（Aristophanes）。

447 年　雅典的帕德嫩（Parthenon）神庙开始兴建。

436—338 年　雅典辩论家伊索克拉底（Isocrates）。

435?—370? 年　犬儒学派创始人安提司泰尼（Antisehenes）。

435?—360? 年　昔勒尼学派创始人阿里斯提波（Aristippus）。

431—404 年　伯罗奔尼撒战争。

431 年　索福克勒斯的《俄狄浦斯王》和欧里庇得斯的《美狄亚》相继上演。

430 年　希罗多德撰写《历史》告一段落。

430—355 年　历史学家色诺芬（Xenophon）。

430?—424? 年　欧里庇得斯的悲剧《赫库巴》演出。

430 年　雅典发生瘟疫。伯里克利受审和被罚。

429 年　伯里克利卒。雅典开始向公民征收财产税。

427 年　柏拉图出生于雅典附近的埃癸那岛。

427 年　雅典第二次发生瘟疫。阿里斯托芬的第一部喜剧《宴会》在雅典的酒神节演出。

425 年　斯巴达的国有奴隶希洛人逃亡。阿里斯托芬的喜剧《阿卡纳人》演出。

424 年　历史学家修昔底德遭到驱逐。雅典人在得琉谟被斯巴达人打败，从此雅典在战争中逐渐失利（苏格拉底和阿尔基比亚德参加过这次战役）。阿里斯托芬的喜剧《骑士》演出得头奖。

423 年　雅典人和斯巴达人订立一年休战和约。阿里斯托芬的喜剧《云》演出，剧中讽刺苏格拉底。

422 年　阿谟菲坡里战役（苏格拉底参加这次战役）。阿里斯托芬的喜剧《马蜂》演出。

421 年　雅典和斯巴达再次订立同盟条约，为期五十年。阿里斯托芬的喜剧《和平》演出。柏拉图假托的《国家篇》、《蒂迈欧篇》、《克里底亚篇》中的谈话进行的时期。欧里庇得斯的悲剧《请愿的妇女》演出。

420? 年　在伯罗克尼撒的巴塞建造阿波罗神庙。

419 年　尼昔亚斯（Nicias）和阿尔基比亚德（Alcibiades）当选为雅典的将军。

418 年　原和雅典结盟的阿耳戈斯败于斯巴达，因此和斯巴达人结盟并建立贵族政体；次年即被推翻，重新恢复和雅典人的结盟。欧里庇得斯的《伊安》演出。

416 年　雅典人攻陷梅洛斯岛后进行大屠杀。索福克勒斯的悲剧《厄勒克特拉》演出。

415 年　雅典海军在阿尔基比亚德、尼昔亚斯等人领导下远征叙拉古。阿尔基比亚德奉召回国，归途中逃往斯巴达。

414 年　阿里斯托芬的喜剧《鸟》上演。

413 年　雅典同盟国相继脱离、拒纳年贡、经济困难而征收进出口税。雅典帝国开始瓦解。雅典远征叙拉古海军遭到覆灭。二万多雅典奴隶逃亡。欧里庇得斯的悲剧《伊菲革涅亚在陶洛人里》等演出。

412 年　雅典盟国暴动。斯巴达和波斯结盟并接受波斯资助共同对抗雅典。萨摩斯在雅典支持下出现平民革命，反对贵族奴隶主的统治。以斯巴达为首的伯罗奔尼撒诸城邦的海军集中于米利都，雅典的海军集中于萨摩斯。

411 年　雅典发生寡头政变，推翻民主政体，建立四百人议事会，遭到驻萨摩斯雅典海军反对；不久废除四百人议事会，由温和的寡头党执政，召回阿尔基比亚德。阿里斯托芬的喜剧《吕西斯特剌忒》和《地母节妇女》上演。

410?—339 年　学园派哲学家斯彪西波（Speusippus），柏拉图的外甥，学园的第二任领导人。

410 年　雅典在库梓科战役获胜，恢复民主政体，拒绝斯巴达的和平建议。索福克勒斯的悲剧《菲罗克忒忒斯》演出得头奖。

408?—354 年　狄翁（Dion），柏拉图的最重要的朋友和学生之一。

407 年　阿尔基比亚德回雅典出任将军职务。赫谟克拉底（Hermocrates）在叙拉古被杀。

406 年 3 月　雅典在诺丁姆战役败绩，阿尔基比亚德引咎辞职，

3月雅典在阿癸努赛战役获胜，但雅典审判和宣告指挥该战役的将军们有罪，遭到苏格拉底的反对。索福克勒斯和欧里庇得斯相继去世。

405年　萨摩斯人取得雅典公民权。雅典在埃戈斯坡塔弥战役败绩。狄奥尼修斯一世（Dionysus I）成为叙拉古僭主。阿里斯托芬的喜剧《蛙》演出。

404年　伯罗奔尼撒战争以雅典向斯巴达投降结束。雅典出现以柏拉图的近亲克里底亚（Critias）、卡尔米德（Charmides）为首的"三十僭主"政体。

403年　"三十僭主"政体覆灭，雅典恢复民主政体。

401年　索福克勒斯去世不久，其悲剧《俄狄浦斯在科罗诺斯》演出得头奖。

400?—314年　学园派哲学家色诺克拉底（Xenocates），柏拉图学园的第三任领导人。

399年　苏格拉底在民主政体下遭到指控和被处死。柏拉图离开雅典到麦加拉等地游学。柏拉图假托的《申辩篇》、《克里托篇》、《斐多篇》中谈话进行的时期。

398年　修昔底德的《伯罗奔尼撒战争史》发表。

395—387年　科林斯战争，柏拉图曾参加该战争。柏拉图到埃及、昔勒尼等地游学。

395—394年　雅典和底比斯等结盟反对斯巴达。

394—391?年　柏拉图撰写《伊安篇》。

392—390?年　波吕克拉底（Polycrates）发表小册子攻击已去世的苏格拉底。

390?年　柏拉图撰写《克拉底鲁篇》。

390—389年　雅典宣布征收1/40的战争税。

389年　阿里斯托芬的《公民大会妇女》和传世的最后喜剧《财神》演出。

387年　柏拉图第一次访问南意大利和西西里，结识塔壬同民主政体领袖阿启泰，以及叙拉古僭主狄奥尼修斯一世。回雅典后创立学园，开始构思《国家篇》。

387—367? 年　柏拉图撰写《国家篇》。

387 年后　撰写《美涅克塞努篇》、《高尔吉亚篇》。

386—382? 年　撰写《美诺篇》。

385—380? 年　撰写《会饮篇》。

384 年　亚里士多德（Aristotle）出生于斯塔癸刺。

384 年　德谟斯提尼（Demosthenes）出生于雅典。

378—377 年　雅典为首的第二次海上同盟组成。

377 年　雅典实行新的财产税。

375?—287 年　哲学家塞奥弗拉斯特（Theophrastus），柏拉图和亚里士多德的著名学生。

371 年　雅典和斯巴达建立和平。斯巴达在琉克特刺战败，国势逐渐衰落。

369—367 年　柏拉图撰写《泰阿泰德篇》。

388? 年　叙拉古僭主狄奥尼修斯一世去世。柏拉图应邀第二次访问西西里。亚里士多德进入学园。

366? 年　柏拉图撰写"第十三封书信"。

361 年　柏拉图应邀第三次访问西西里。回雅典后构思《法篇》。

360 年　柏拉图撰写"第十二封书信"。

359—336 年　马其顿兴起。菲力出任马其顿执政。

357 年　雅典收复失地刻索尼苏斯和欧玻亚。狄翁回西西里，领导推翻狄奥尼修斯二世的统治。柏拉图在此前后撰写《蒂迈欧篇》。

356—323 年　亚历山大大帝出生于马其顿的佩拉。

354 年　狄翁成为叙拉古僭主，不久被卡利浦斯（Callipus）谋杀。柏拉图撰写"第七封书信"。

353 年　卡利浦斯被推翻。柏拉图撰写"第八封书信"。

351 年　德摩斯梯尼发表《斥菲力书》。

347 年　柏拉图逝世，斯彪西波继任学园领导；亚里士多德和色诺克拉底等离开雅典到阿泰努等地。

346 年　狄奥尼修斯二世在叙拉古重建僭主政体。

344—343 年　提摩勒昂（Timoleon）领导推翻狄奥尼修斯二世的统治。

343 年　亚里士多德应邀担任亚历山大的老师。

341—270 年　晚期哲学家伊壁鸠鲁。

335 年　亚里士多德回雅典创建逍遥学派。

336 年　斯多亚学派创始人芝诺（Zeno）出生于季蒂昂。

公元 529 年　东罗马帝国皇帝查士丁尼下令关闭学园。

公元 1459—1521 年　意大利的佛罗伦萨出现柏拉图学园。

柏拉图谱系表 [1]

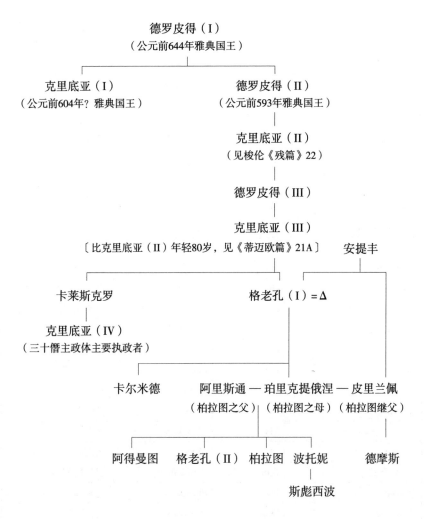

德罗皮得（I）
（公元前644年雅典国王）

克里底亚（I）
（公元前604年？雅典国王）

德罗皮得（II）
（公元前593年雅典国王）

克里底亚（II）
（见梭伦《残篇》22）

德罗皮得（III）

克里底亚（III）
〔比克里底亚（II）年轻80岁，见《蒂迈欧篇》21A〕　　安提丰

卡莱斯克罗　　　　　　　　　　格老孔（I）= Δ

克里底亚（IV）
（三十僭主政体主要执政者）

卡尔米德　　　　阿里斯通 — 珀里克提俄涅 — 皮里兰佩
　　　　　　　　（柏拉图之父）（柏拉图之母）（柏拉图继父）

阿得曼图　　格老孔（II）　柏拉图　波托妮　　　　德摩斯

斯彪西波

---

① 本谱系表参照范明生先生《柏拉图哲学述评》第523页制作，译名有改动。

柏拉图著作篇名缩略语表

希腊文篇名	英文缩略语	英文篇名	中文篇名
Ἀπολογία	Ap.	Apology	申辩篇
Χαρμίδης	Chrm.	Charmides	卡尔米德篇
Κρατύλος	Cra.	Cratylus	克拉底鲁篇
Κριτίας	Criti.	Critias	克里底亚篇
Κρίτων	Cri.	Crito	克里托篇
Ἐπίνομις	Epin.	Epinomis*	伊庇诺米篇
Ἐπίπιστολαι	Ltr.	Letters***	书信
Ἐυθύδημος	Euthd.	Euthydemus	欧绪德谟篇
Ἐυθύφρων	Euthphr.	Euthyphro	欧绪弗洛篇
Γοργίας	Grg.	Gorgias	高尔吉亚篇
Ἱππία Μείξων	G.Hp.	Greater Hippias**	大希庇亚篇
Ἱππία Ἐλάττων	L.Hp.	Lesser Hippias	小希庇亚篇
Ἰων	Ion	Ion	伊安篇
Λάχης	Lch.	Laches	拉凯斯篇
Νόμοι	L.	Laws	法篇
Λύσις	Ly.	Lysis	吕西斯篇
Μένεξένος	Mx.	Menexenus	美涅克塞努篇
Μένων	M.	Mono	美诺篇
Παρμενίδης	Prm.	Parmenides	巴门尼德篇
Φαίδων	Phd.	Phaedo	斐多篇
Φαῖδρος	Phdr.	Phaedrus	斐德罗篇
Φίληβος	Phlb.	Philebus	斐莱布篇
Πρωταγόρας	Prt.	Protagoras	普罗泰戈拉篇
Πολιτεία	R.	Republic	国家篇
Σοφιστὴς	Sph.	Sophist	智者篇

（续表）

希腊文篇名	英文缩略语	英文篇名	中文篇名
Πολιτικὸς	Stm.	Statesman	政治家篇
Συμπόσιον	Smp.	Symposium	会饮篇
Θεαίτητος	Tht.	Theaetetus	泰阿泰德篇
Τίμαιος	Ti.	Timaeus	蒂迈欧篇
Ἀλκιβιάδης	Alc.	Alcibiades**	阿尔基比亚德上篇
Ἀλκιβιάδης δεύτερος	2Alc.	Second Alcibiades*	阿尔基比亚德下篇
Ἵππαρχος	Hppr.	Hipparchus*	希帕库斯篇
Κλειτοφῶν	Clt.	Clitophon**	克利托丰篇
Θεάγης	Thg.	Theages*	塞亚革斯篇
Μίνως ἢ Περί Νόμο	Min.	Minos*	弥诺斯篇
Δημόδοκος	Dem.	Demodocus*	德谟多库篇
Σίσυφος	Sis.	Sisyphus*	西绪福斯篇
Ἐρυξίας	Eryx.	Eryxias*	厄里西亚篇
Ἀξίοχος	Ax.	Axiochus*	阿西俄库篇
Ἐπασταί	Riv.	Rival Lovers*	情敌篇
Περί Δίκαιω	Just.	On Justice*	论公正
Περί Ἀρετη	Virt.	On Virtue*	论美德
Ἀλκυών	Hal.	Halcyon*	神翠鸟
Ὅροι	Def.	Definitions*	定义集
Ἐπίγραμμαι	Epgr.	Epigrams***	诗句集

* 表示伪作。

** 表示大多数学者认为不是柏拉图真作。

*** 书信和诗句集的各篇各节真伪情况不一。

申　辩　篇

提　要

本篇是柏拉图的早期对话。希腊文标题是"苏格拉底的申辩"（Ἀπολογία Σωκράτης），中文标题译为"申辩篇"，亦有中译者译为"申辩"、"苏格拉底的申辩"。公元1世纪，亚历山大里亚的塞拉绪罗在编定柏拉图作品篇目时，将本篇排在第一组四联剧的第二篇，并称本篇的性质是伦理的。① 本篇篇幅不大，译成中文约2万4千字。

苏格拉底（公元前469—前399年）是雅典公民，哲学家，柏拉图的老师。公元前399年，时年70岁的苏格拉底被人指控，出庭受审，面对大约由500位雅典公民组成的审判团为自己辩护。他受到的主要指控是"毒害青年，不信城邦崇敬的神，而相信其他新的精灵。"（24b）整篇辩护词分为三部分：第一，主要的辩解（17a—35d）；第二，审判团投票判苏格拉底有罪后的简短陈辞（36a—38c）；第三，审判团判决苏格拉底死刑后的最后陈辞（38c—42a）。

苏格拉底在西方文化传统中具有耶稣般的圣人地位，苏格拉底受审是西方历史上的所谓"千古奇冤"。这篇对话不是苏格拉底受审时的现场记录，而是柏拉图的事后追忆或再创作。对话的具体发表时间不详，约于苏格拉底实际受审和被处死以后的若干年内公诸于世。写作本篇时，柏拉图依据自己对苏格拉底的了解，严厉反驳苏格拉底所受到的指

---

① 参阅第欧根尼·拉尔修：《名哲言行录》3：58，该书名亦译作《著名哲学家的生平和学说》。

控，栩栩如生地刻画了苏格拉底的为人。尽管无法最终确定这篇辩护词与苏格拉底的真实讲话有多接近，可以肯定的是，它与苏格拉底实际言辞的基本精神是一致。

苏格拉底对柏拉图产生过重大影响。"苏格拉底之死"使柏拉图的整个人生在青年时代发生重要转折。阅读柏拉图著作可从本篇开始。它与《克里托篇》、《斐多篇》在内容上构成了一组"苏格拉底对话"，都与"苏格拉底之死"有关。本篇提供了苏格拉底的思想方法、生活方式、宗教信仰等方面的细节，为我们了解苏格拉底的思想提供了重要线索。

正　文

【17】雅典人①，我不知道我的原告对你们有什么影响；而对我来说，我几乎不知道自己是谁，他们的讲话太有说服力了。不过，他们说的话几乎没有一丁点儿是真的。在他们的众多谎言中有一点特别令我感到惊讶，就是你们一定要小心提防、别让像我这样能干的演说家把你们给骗了。【b】当我表明自己根本不是一名能干的演说家时，他们讲这种马上就会遭到事实驳斥的话并不感到羞耻，而我感到他们才是最厚颜无耻的，除非他们把讲真话的人称作能干的演说家。如果他们是这种意思，那么我同意我是一名演说家，但不是他们讲的这一种，因为如我所说，他们说的话实际上没有一句是真的。【c】从我这里，你听到的将全部是真话，宙斯②在上，雅典人，尽管我不会像他们那样斟酌词句和精心表达，而是直截了当、脱口而出，因为我相信我说的话是公正的，但我不想让你们中的任何人另作他想。我这把年纪的人像名年轻人似的在你们面前信口雌黄是不得体的。

雅典人，有件事我的确需要求你们：如果你们听到我在申辩中用了我习惯于在集市上、钱庄柜台边或其他地方使用的相同的话，你们许多

---

① 雅典人（ἄνδρες Ἀθηναῖοι），苏格拉底对审判团的称呼，原义为"雅典的男子"。
② 宙斯（Διὸς），希腊主神。

人在这些地方听过我说话，不要感到惊讶，也不要喧哗。【d】现在的情况是这样的：这是我在 70 岁的时候第一次出现在法庭上，所以我对在这个地方该讲什么话完全陌生。【18】就好比我真的是一名外邦人，如果我以我自幼习得的方言和方式讲话，你们当然得原谅我，所以我现在的请求并不过分，请别在意我的讲话方式，无论是好是坏，而要集中精力听我说得是否公正，因为审判官①的德性②与公正相连，而演讲者的德性就在于说真话。

雅典人，我首先要为自己辩护，驳斥早先那些虚假的控词，对付最先的那批原告，然后再来对付后来的控词和后来的原告。【b】有许多人向你们控告我已经好多年了，但他们的控词没有一句是真的。我害怕这些人胜过害怕阿尼图斯③和他的朋友，尽管阿尼图斯等人也很难对付。然而，前面这批人更难对付，雅典人；你们中许多人自幼就受他们的影响，他们虚假地指控我，让你们相信，说有个人名叫苏格拉底，是个有智慧的人，他上知天文，下知地理，钻研天上地下的一切事物，还能使较弱的论证变得较强。【c】雅典人，这些散布谣言的人是我最危险的原告，因为听到谣言的人会相信研究这些事情的人甚至会不信神④。况且，这批原告人数众多，指控我已有多年；还有，这批原告是在你们最容易相信他们的年纪对你们说的，你们中有些人听到这些谣言时还是儿童或少年，所以这场官司他们赢定了，因为根本无人替我辩护。

最荒唐的是我连他们是谁也不知道，说不出他们的名字，【d】只知道其中有一位是喜剧作家。⑤这些人邪恶地用谎言来说服你们，在说服

---

① 审判官（δικαστής）。

② 德性（ἀρετή），亦常译为"善"、"善德"，与"恶"、"恶德"相对时译为"美德"。这个词的基本意思是"功能"、"效用"、"价值"、"长处"、"卓越"、"优点"，用于伦理则为"善"、"德"、"品德"、"善德"。

③ 阿尼图斯（Ἄνυτος）是一位修辞学家，指控苏格拉底的三名原告之一。

④ 神（Θεός），亦译神灵、神祇。

⑤ 指下面提到名字的阿里斯托芬（Ἀριστοφάνης），他的喜剧《云》（第 225 行以下）出现苏格拉底这个人物，该剧首次上演于公元前 423 年。

别人的时候也说服他们自己，所有这些人都是极难对付的；我不可能把他们中的某一个带到法庭上来当面对质，或是驳斥他；我在为自己辩护时好像在作拳击练习，提出质疑而无人应答。我要你们明白，我的原告有两拨：一拨是最近对我提出指控的人，【e】另一拨是我刚才提到的从前的原告。我想你们是知道的，我应该首先针对后者为自己辩护，因为你们最先听到他们的指控，听的比前者多得多。

那么好吧，雅典人！【19】我必须尝试在我可以说话的短暂时间里，根除在你们心中萦绕多年的谣言。我希望能有更好的对你我双方都有益的方式，也希望我的辩护获得成功，但我知道这很难，我完全明白这有多难。即便如此，让我开始吧，就当它是神的意愿，我必须服从法律来为自己辩护。

让我们从头开始。【b】美勒托① 在写这份诉状时相信② 的那些谣言来源于从前对我的指控，这些指控是什么？他们在造谣时说了些什么？我必须把他们当作我现在的原告，宣读一下他们的诉状。他们的诉状大体上是这样的：苏格拉底行不义之事③，他整天忙忙碌碌，考察天上地下的事情；他使较弱的论证变得较强，还把这些教给别人。【c】你们自己在阿里斯托芬的喜剧中已经看到，那里就有一个苏格拉底走着台步，自称在腾云驾雾，口中胡言乱语，说些我一无所知的事情。如果有人精通这样的知识，那么我这样说并不表示轻视这些知识，免得美勒托对我提出更多的指控，但是，雅典人，我跟这些事情无关，在这一点上，我要请你们中的大多数人为我作证。我想你们中的很多人听过我谈话，【d】如果有人听我讨论过这样的问题，无论长短，都可以站出来揭发我。由此你们会明白，有关我的其他流言均属同类。

---

① 美勒托 (Μέλητος)，指控苏格拉底的三名原告之一，参阅《欧绪弗洛篇》(2b)，那里提到美勒托是个没有名气的雅典公民，当时还很年轻。下文 (23e) 说美勒托代表诗人，因此他的父亲可能是诗人。

② 相信 (πιστεύων)。

③ 行不义之事 (ἀδικέω)，希腊诉状中的常规用词，犯法，犯罪。

这些流言没有一样是真的。如果你们听到有人说我招生收费，那么也同样不是真的。【e】不过，我想如果有人能像林地尼的高尔吉亚①、开奥斯的普罗狄科②、埃利斯的希庇亚③一样去教化民众，那倒是件好事。他们个个都能去任何城邦，劝说那里的青年离开自己的同胞公民去依附他们，【20】这些年轻人与自己城邦的公民交往无需付任何费用，而向他们求学不仅要交学费，而且还要感恩不尽。我确实还听说有一位来自帕罗斯④的智者正在我们这里访问，因为我碰到过一个人，他在智者身上花的钱超过其他所有人的总和，这个人就是希波尼库之子卡里亚。卡里亚有两个儿子，我对他说："卡里亚，你瞧，如果你的两个儿子是马驹或牛犊，【b】我们不难找到一位驯畜人，雇他来完善它们的德性⑤，这位驯畜人不外乎是一位马夫或农夫。但由于他们是人，你打算请谁来管教他们？谁是完善和改良他们的德性的专家？我想你有儿子，所以一定考虑过这个问题。有这样的人，还是没有？"他说："当然有。"我说："他是谁？从哪里来？他要收多少钱？"他说："苏格拉底，他是帕罗斯来的厄文努斯⑥，收费五个明那⑦。"【c】想厄文努斯要是真懂行，收费又如此合理，那么他真是个幸福的人。如果我有这种

---

① 高尔吉亚（Γοργίαςό Λεοντίνος），约公元前485—前380年，著名智者。

② 普罗狄科（Πρόδικος όΚεῖος），约公元前5世纪后半叶，著名智者。

③ 希庇亚（Ἱππίαςό Ἠλεῖος），约公元前5世纪末，重要智者。

④ 帕罗斯（Πάρος），海岛名。

⑤ 德性（ἀρετή），事物各自的特性，亦即"天性"。

⑥ 厄文努斯（Εὔηνος），诗人，在柏拉图《斐多篇》（60d9）、《斐德罗篇》（267a3）中出现。

⑦ 明那（μνᾶ）是希腊硬币的名称，亦译米那。古希腊的货币单位主要有：塔伦特（τάλαντ）、明那、德拉克玛（δραχμή）、奥波尔（ὀβολός）、查库斯（χαλκός）。这些货币单位同时又是重量单位。古希腊货币是银本位制的。按阿提卡币制，1德拉克玛约为4.31克，所以1德拉克玛的货币就相当于4.31克白银。100德拉克玛合1明那（431克），60明那合1塔伦特（25.8公斤），1德拉克玛合6奥波尔（约为0.718克），1奥波尔合8查库斯（约为0.09克）。查库斯币值很小，是铜币。

知识，那我一定会为此感到自豪并自鸣得意，但是，雅典人，我没有
这种知识。

也许你们有人会打断我，插话说："苏格拉底，你的麻烦①是从哪里
来的？这些流言从何而起？你要是不做这些出格的事，这些有关你的流
言和说法决不会产生，除非你的行为与大多数人不同。【d】把实情告诉
我们吧，省得我们武断。"任何人这样说似乎都是对的，我会向你们解
释我蒙受这种名声和诬陷的原因。所以，注意听。你们中有些人也许会
以为我在开玩笑，但我保证我所说的一切都是真的。使我拥有这种名声
的原因无非就是某种智慧。哪一种智慧？也许是人的智慧。【e】我也许
真的拥有这种智慧，而我提到的这些人拥有的智慧可能不止是人的智
慧；否则我就无法解释了，因为我确实没有这种智慧，无论谁说我有这
种智慧都是在撒谎，是对我的恶意诽谤。不要喧哗，雅典人，哪怕你们
认为我在口出狂言，因为我要讲的这些话②不是我发明的，我会把这个
值得信赖的来源告诉你们。我要恳请德尔斐③的神④为我作证，看我的
智慧是否真是智慧，是什么样的智慧。【21】你们认识凯勒丰⑤。他自
幼便是我的同伴，也是你们大多数人的同伴，在最近的这次逃亡⑥中
和你们一起出逃，又一起回来。你们肯定知道他是什么样的人，做起
事来有多么莽撞。他有一次去德尔斐求神谕，如我所说，雅典人，请你
们不要喧哗，他竟然提了这个问题，是否有人比我更智慧，庇提亚的女

① 麻烦（πρᾶγμα），意为事情、事务、麻烦、职业等，此处作麻烦解。
② 话（λόγος）。
③ 德尔斐（Δελφοί）是希腊宗教圣地，建有著名的阿波罗神庙。德尔斐小镇位
　于帕那索斯山脚下的福切斯的一个区域，该区域名为庇索，庇索亦为德尔斐的
　古名。
④ 指阿波罗（Απολλον），希腊太阳神和智慧之神。
⑤ 凯勒丰（Καιρεφών），雅典民主派人士。
⑥ 伯罗奔尼撒战争以后，斯巴达人为战败的雅典建立寡头制，"三十僭主"掌握
　统治权，很多民主派逃离雅典。这里提到的逃亡发生在公元前404年，这些人
　过了八个月以后返回雅典。当时苏格拉底留在雅典，没有出逃。

祭司①拿起签来说，没有人更智慧。凯勒丰已经死了，但他的兄弟会向你们证明此事。

【b】考虑到这一点，我把这件事告诉你们乃是因为我想向你们揭示这种诽谤的起源。听到女祭司的这个回答我就寻思："神说这话是什么意思？他为什么要打哑谜呢？我非常明白自己根本没有什么智慧；他说我是最有智慧的，这样说是什么意思呢？神一定不会撒谎，否则便与其本性不合。"困惑了很长时间，我最后勉强决定用这样的方法去试探一下神的意思；【c】我去探访一位智慧声望很高的人，以为在那里就能证明那个说法是错的，我可以回应那个神谕说"这里就有一个人比我更有智慧，而你却说我最智慧"。于是，我对这个人进行了试探，我不需要披露他的名字，但可以说他是我们的一位政治家，我的印象是这样的：许多人，尤其是他自己，觉得他很有智慧，但实际上没有智慧。于是，我试着告诉他，【d】他只是以为自己有智慧，但并非真的有智慧。结果他就开始讨厌我，在场的许多人也对我不满。所以，我离开了，我在寻思："我比这个人更有智慧，因为我俩其实都不懂什么是美②，什么是善③，但他在自己不懂的时候认为自己懂，而我在自己不懂的时候认为自己不懂；所以在这一点上我比他有智慧，我不认为自己懂那些不懂的事情。"后来我又去探访另外一个人，他在智慧方面的名气更大，【e】事情看来是一样的，结果我把这个人和其他许多人都给得罪了。

从那以后，我一个又一个地去探访。我明白自己被人怨恨，也感到伤心和害怕，但我寻思这个神谕是最重要的，所以我必须去找所有那些拥有知识名望的人查考这个神谕的意义。【22】雅典人，神犬④在上，我必须对你们说真话。我经历的事情是这样的：在我侍奉神的查考中，

① 德尔斐古称庇索（Πῡθώ），在德尔斐的阿波罗神庙中发神谕的女祭司被称作庇提亚的（Πῡθία）女祭司。
② 美（καλόν）。
③ 善（ἀγαθόν）。
④ 此处原文为"狗"（κύνα），指埃及神犬。希腊人发誓时的一种说法。

我发现那些声名显赫的人几乎都有不足，而那些被认为低劣的人倒比较明智①。我必须把我的奔波告诉你们，我干这样的苦活是为了证明那个神谕无法驳倒。在这些政治家之后，我去探访诗人，包括悲剧诗人、酒神赞歌诗人，【b】等等，想在这些人中间看到我比他们无知。我拿起他们精心创作的诗歌，问他们这些诗是什么意思，为的是能同时向他们学到一些东西。雅典人，我实在羞于开口把事实真相告诉你们，但我必须说出来。几乎所有在场者都能比这些作者更好地解释这些诗歌。【c】我马上就明白了，诗人不是靠知识创作他们的诗歌，而是凭某种天生的才能或灵感②，就好像预言家和先知也能说许多美妙的话语，但却不懂他们说的话是什么意思。诗人在我看来有同样的体验。我同时看到，由于他们能写诗，于是就认为自己在其他方面也很有智慧，而实际上他们没有智慧。所以我又退却了，就像我对政治家的考察一样，我想我比他们要强一些。

【d】最后我去找手艺人，因为我清楚地知道自己实际上什么都不懂，也相信我会发现他们对许多美好的事物拥有知识。在这一点上我没有搞错，他们懂的事情我不懂，就此而言他们比我更智慧。但是，雅典人，这些能工巧匠似乎也有和诗人一样的错误：他们中的每一人，由于在自己所从事的行当里取得成功，就以为自己在别的最大的事情③上也很有智慧，【e】这一错误遮蔽了他们拥有的智慧，于是我就代那神谕问自己，我是愿意像我原来那样，既没有他们的智慧也没有他们的无知，还是像他们这样兼有二者。我对自己那个神谕作了回答，我应当是原来的我，这样对我最好。

雅典人，这些考察带来的后果是，我遭到很多人的忌恨，【23】这种忌恨很难对付，成了我的沉重负担；许多诽谤来自这些人，我拥有智慧的名声也来自他们，因为我对他们进行考察时，在场的人会以为我证

① 明智（φρονίμως）。

② 灵感（ἐνθουσιάζοντες），原意为"有神灵附体"。

③ 最大的事情（τα μέγιστα），指治理国家或关心公民美德这样的大事。

明了与我谈话的人没有智慧，所以我有智慧。雅典人，最为可能的是，只有神才是智慧的，他的谕言的意思是，人的智慧很少价值或没有价值，【b】当他说到苏格拉底这个人的时候，只是在以我的名字为例，就好像说"凡人啊，苏格拉底这个人在你们中间是最有智慧的，他知道他的智慧毫无价值。"时至今日，我仍然遵循神的旨意，到处探访我认为有智慧的人，无论是本地公民还是外邦人。要是我认为他没有智慧，我就代神告诉他，你没有智慧。做这些事使我根本无暇参与公共事务，也确实没空照管自己的私事，由于侍奉神，我一贫如洗。

　　【c】还有，年轻人自发地跟随我，他们有很多空闲时间，家里又很富裕，喜欢听人受到盘问；他们自己也经常模仿我，去盘问别人。我想，他们看到许多人自以为拥有一些知识，而实际上所知甚少或一无所知。结果就是那些受到盘问的人生气了，【d】但不是对他们自己生气，而是冲着我。他们说："苏格拉底这个人是个传播瘟疫的家伙，把年轻人都带坏了。"如果有人问，苏格拉底做了什么、教了什么，把年轻人带坏了，他们就哑口无言，因为他们不知道，但是，为了显得他们知道，于是就随口说些现成的、对所有热爱知识的人①都可提出的指责，说什么"天上地下的事"、"不信神"、"使较弱的论证变得较强"；我肯定他们不想说真话，我已经证明他们声称自己拥有知识，而实际上一无所知。我认为这些人是热爱名声的人②，【e】他们野心勃勃、人数众多、异口同声，令人信服地谈论我；他们对我的诽谤长期以来已经充塞了你们的耳朵。他们中的美勒托攻击我，还有阿尼图斯和吕孔③，美勒托代表诗人，阿尼图斯代表手艺人和政治家，吕孔代表演说家，为之鸣冤叫屈，【24】所以我一开始就说，如果我能在如此短暂的时间内消除你们头脑中根深蒂固的错误印象，那简直是个奇迹。雅典人，这就是事情的真相。我没有任何隐瞒或歪曲。我相当明白我的这种行为招来忌恨，但

---

①　热爱知识的人（φιλσοφούντω）。

②　热爱名声的人（φιλότιμοι）。

③　吕孔（Λύκων）是一位演说家，指控苏格拉底的三名原告之一。

这正好证明我说的是真话，【b】我之所以受到诽谤，根源就在于此。无论你们现在还是今后要了解这件事，能发现的就是这些了。

针对我早先那批控告者，我的申辩已经够了。下面我要针对这位自称的大好人、热爱城邦的人①美勒托和后一批控告者为自己辩护。由于这些控告者是另一批，让我们和刚才一样先来看他们宣誓后的诉状。它大体上是这样的：苏格拉底有罪，他毒害青年，不信城邦相信的神，【c】而信新的精灵②的事情。这就是他们的指控。让我们逐一考察。

他说我因毒害青年而犯法③。雅典人，我要说美勒托犯规，因为他用轻率的态度对待一桩严肃的事情，用一些琐屑的理由把大家召来法庭，还对他从来不感兴趣的事摆出一副关切焦虑的模样，我会证明事情就是这样的。【d】美勒托，过来说话。你认为教年轻人学好是头等重要的大事吗？

"当然。"④

那么好，来吧，告诉这些先生谁让年轻人学好。你说你发现有个人在毒害青年，也就是我，所以把我弄到这里来，向这些人控告我。来吧，请你大声说说，让年轻人学好的是谁。你瞧，美勒托，你沉默了，不知道说什么好了。你这样不显得丢脸吗？这岂不足以证明我说的话，你对这类事根本不关心吗？【e】告诉我，我的大好人，谁在改善我们的年轻人？

"法律。"

这不是我要问的，我要问的是谁有法律知识来做这件事？

"这些审判官，苏格拉底。"

你什么意思，美勒托？他们有能力教育青年，使他们学好吗？

---

① 热爱城邦的人（φιλόπολις）。

② 精灵（δαίμων），亦译为"灵异"或"灵机"。在希腊人的观念中，精灵的地位比神低，比凡人高，精灵能长寿，但并非不死。

③ 犯法（ἀδικεῖν），这个词也有"犯规"的意思。

④ 引号中是美勒托的回答，下同。

"当然。"

他们全体，还是有些人能，有些人不能？

"他们全体。"

【25】好极了，赫拉① 在上！你提到有那么多人在让青年学好。这些听众怎么样？他们在教青年学好还是学坏？

"他们也在教青年学好。"

议员② 们呢，他们怎么样？

"议员，他们也一样。"

那么，美勒托，公民大会③ 怎么样？公民大会的成员在毒害青年，还是在教他们学好？

"他们教青年学好。"

如此说来，似乎所有雅典人都在使青年成为好人，只有我除外，只有我在毒害他们。你是这个意思吗？

"我确实就是这个意思。"

【b】你对我的谴责，让我倒了大霉。告诉我，你认为这种情况也会在马身上发生吗？所有人都在改良马，但只有一个人在毒害它们？或者说情况正好相反，有一个人能够改良马，或者很少人，亦即驯马师，能够改良马，而大多数人，如果他们有马或用马，是在毒害它们，不是吗？美勒托，无论是马还是别的动物，不都是这种情况吗？无论你和阿尼图斯是否承认，情况就是这样。如果只有一个人在毒害我们的青年，

---

① 赫拉（Ἥραν），女神，宙斯之妻，掌管婚姻和生育。

② 议员（βουλευταί），指"五百人会议"的成员。公元前 509 年，克利斯提尼改组梭伦所创设的"四百人长老会议"为"五百人会议"，使之成为比较平民化的机构。克利斯提按照人们所居住的地域，把整个阿提卡划分为一百个自治的"区"（δῆμος，德莫），每十个区组成一个新的以地域为基础的"乡族"（φῡλή）。雅典共有十个乡族，每一乡族各选派五十名代表参加"五百人会议"，任期一年，且无论何人，一生只能任两次议员。

③ 公民大会（ἐκκλησία），克利斯提尼改革后，公民大会是雅典城邦最高权利机构，由全体男性成年公民参加。

而其他人都在教他们学好，那这些青年真是幸运极了。

【c】美勒托，你已经充分表明，你从来没有关心过我们的青年；你清楚地表明了你的无动于衷；你对拿来提起诉讼的这件事从未深思熟虑。

宙斯在上，美勒托，也请你告诉我们，一个人是和善良的公民住在一起好，还是与邪恶的家伙住在一起好？我的好朋友①，说吧，这个问题并不难。恶人总是伤害身边的人，好人则对他们有益，是这样吗？

"当然是这样。"

【d】宁愿受到身边人的伤害，不愿从他那里得到好处，会有这样的人吗？回答我，大善人，法律命令你回答。有人宁可受伤害吗？

"当然没有。"

好吧，你在这里控告我，说我毒害青年，让他们变坏，我这样做是有意的还是无意的？

"有意的。"

下面你该怎么说，美勒托？你这般年纪的人要比我这般年纪的人聪明，所以你知道恶人总是在伤害最接近他们的邻人，【e】好人总是在对他们行善，而我愚昧无知，竟然不明白这一点，也就是说，我要是伤害一个与我接近的人，就得冒着被他伤害的危险，所以我犯下如此大罪是有意的，如你所说，是吗？我不信，美勒托，【26】我也不认为还有别的人会信。要么我没有毒害青年，要么我毒害了青年，但却是无意的，而你在这两种情况下都在撒谎。如果我无意中伤害了他们，法律不会要你把无意中犯下过失的人弄到这里来，而会让人私下里训诫我；显然，我要是学好了，就会停止我无意中所做的事。而你过去故意回避我，不肯开导我，现在却把我弄到这里来，这个地方是那些需要接受惩罚的人要来的，而不是那些需要开导的人要来的。

【b】因此，雅典人，我说得已经很清楚了：美勒托从来没有关心过这些事。但无论如何，美勒托，请告诉我们，我如何毒害青年；根据你

---

① 我的好朋友（τᾶν），称呼用语，只在阿提卡方言中使用。

的诉状，你说我教他们不要相信城邦相信的神，而要相信其他新的精灵，是这样吗？我是这样教他们、毒害他们的吗？

"这正是我的意思。"

【c】我们正在谈论的神在上，美勒托，你把话说清楚，向我和这些人说清楚：我无法确定你的意思，你是说我教别人有神，因此我本人信神，还是说我是个完全不信神的无神论者，并且不认为自己因此而有罪，因为我信的神不是城邦相信的神，而是其他神，这就是你对我的指控，它们是另外一些神。或者说，你的意思是我根本不信神，而且教唆别人也不信神。

"我就是这个意思，你完全不信神。"

【d】奇怪的美勒托。你为什么要这样说呢？我不也像其他人一样，相信太阳和月亮是神吗？

"不，宙斯在上，各位审判官，他不信神，因为他说太阳是石头，月亮是泥土。"

亲爱的美勒托，你没想到你正在控告阿那克萨戈拉①吧？你如此藐视在场的人，以为他们无知，连克拉佐门尼的阿那克萨戈拉的书中充斥着这样的说法都不知道，还有，去书店花一个德拉克玛②就能买到这些书，【e】如果我假装说这些看法是我自己的，那么向我学习的年轻人岂不是要嘲笑苏格拉底，尤其是这些说法，如此荒谬？宙斯在上，美勒托，这就是你对我的看法，我不相信有神吗？

"这就是我说的，你根本不信神。"

你的话没人信，美勒托，甚至，我认为，连你自己都不信。雅典人，这个人在我看来极为自负和放肆。【27】似乎就是出于这种自负、暴虐和年轻气盛，他才告我的状。他像是造了一个谜语，用来试探我："智慧的苏格拉底能知道我在开玩笑、我的话是自相矛盾的，或者我能

---

① 阿那克萨戈拉（Αναξαγόρας），古希腊早期自然哲学家（约公元前500—约前428年），出生于克拉佐门尼（Κλαζομένιος），公元前480年赴雅典。

② 希腊货币名，约合银4.31克。

骗过他和其他人吗？"我认为，他给我安的罪名确实自相矛盾，他如同在说"苏格拉底由于不信神而犯了罪，但他信神"，这当然是玩笑的一部分。

【b】雅典人，跟我一起来，看他为什么会显得自相矛盾，而你，美勒托，务必回答我们。而你们，请记住我一开始就提出的要求，如果我按习惯的方式讲话，请你们不要喧哗。

美勒托，相信人的活动而不相信人，世上有这样的人吗？让他回答问题，别一次又一次地喧哗。不相信马而相信马夫的活动，世上有这样的人吗？或者说，相信吹笛子的活动而不相信笛手，有这样的人吗？不，我的大好人，【c】没有这样的人。如果你不想回答，我来替你和这些雅典人说。但是下一个问题你必须回答。会有人相信精灵的活动而不相信精灵吗？

"没有。"

谢谢你的回答，尽管是在这些人的逼迫下吞吞吐吐说出来的。你说我相信精灵并传授有关精灵的事，无论新老，按你的说法，我相信精灵的事情，这是你在诉状中说的。但若我相信有关精灵的事情，那么我必定相信精灵。难道不是这样吗？是这样的。既然你不回答，我认为你已经同意了。【d】我们不是相信，精灵要么是神，要么是神的子女吗？对还是不对？

"当然对。"

那么，倘若如你所说，我相信精灵，而精灵又是某种神，这就是我刚才说的你在说谜语和开玩笑，你起先说我不信神，然后又说我信神，因为我信精灵。另外，如果精灵是神的子女，是神与女仙①所生，或神与某些人说的其他什么凡人所生，那么什么人会认为，有神的子女，却没有神？【e】这太荒唐了，就好比说相信有马和驴生的孩子，即骡子，而不相信有马和驴。美勒托，你用这条罪状控告我，要么是为了用这个考我们，要么是因为不知道我有什么真的罪行可以拿来告我。哪怕人们

———————

① 女仙（νύμφη），亦译为"宁妇"。

智力低下，你也没有办法让人们相信，一个人相信精灵的事情，相信神的事情，【28】却不相信精灵、神、英雄。

雅典人，我认为，对美勒托的控告，我不需要作冗长的辩解来证明自己无罪，我说的这些话已经够了。而我前面所说有许多人忌恨我，你们要明白这是真的。这是我被控有罪的原因，如果我被定罪，那么起作用的既不是美勒托，也不是阿尼图斯，而是谎言和众人的忌恨。【b】我认为，谎言和忌恨已经毁掉了许多好人，而这种事还会继续。你们不必担心，这种事不会到我为止。

也许有人会说："苏格拉底，忙于做这种琐事，给自己招来杀身之祸，你不感到丢脸① 吗?"然而我会义正辞严地回答说："你这个人②，如果你认为凡有点自尊的人要在掂量了生与死之后才决定做某事是否值得，那么你说错了；他在采取任何行动时只考虑他的行为是否正义、【c】他做的事像是好人做的还是坏人做的。"依你的看法，死在特洛伊③的半神④是微不足道的，尤其是忒提斯之子⑤，他不愿受辱，因此轻视生命。当他渴望杀死赫克托耳⑥ 时，他的女神母亲对他说了一番话，我想这番话是这样的："孩儿啊，如果你要为你的同伴帕特洛克罗⑦复仇，杀死赫克托耳，你的死期也便来临，因为赫克托耳一死，马上

---

① 丢脸 (αἰσχύνη)，有羞愧、可耻之意。希腊人主张行事节制、力求中庸，而苏格拉底对各行各业的人进行查访，没能做到这一点，因而是丢脸的。
② 人 (ἄνθρωπε)，单数，此处作称呼有强烈蔑视的含义。
③ 特洛伊 (Τροία)，位于小亚细亚，邻近黑海。约公元前1240—前1230年，迈锡尼王阿伽门农率阿该亚联军远征特洛伊，诗人荷马的《伊利亚特》取材于此。
④ 半神 (ἡμιθέων)，指英雄，参阅荷马《伊利亚特》12：23，赫西奥德：《工作与时日》159。
⑤ 指阿喀琉斯 (Αχίλλειος)，相传为阿耳戈英雄珀琉斯和海洋女神忒提斯所生，在特洛伊战争中是阿该亚联军一方的大英雄。
⑥ 赫克托耳 (Ἕκτωρ)，特洛伊王国战将，曾杀死阿喀琉斯的朋友帕特洛克罗，后来被阿喀琉斯所杀。
⑦ 帕特洛克罗 (Πατρόκλος)，阿该亚联军战将，在特洛伊城下被赫克托耳所杀。

就轮到你。"① 听了这番话，他蔑视死亡和危险，【d】更加担心自己会卑鄙地活着而不能为他的朋友复仇。他说："如果不能向那个恶棍讨还血债，那就让我立即去死，胜过徒然坐在船舶前让人嘲笑，成为大地的负担。"② 你们认为他多想过死亡和危险吗？

　　雅典人，这就是事情的真相③：某人一旦采取了他的立场，并相信这种立场是最好的，或者是他的指挥官把他安排在那里，我想他就必须留在那里，面对危险，不会去考虑死亡或其他事情，更不要说有其他顾虑了。【e】雅典人，如果我不能一如既往地这样做，那么倒是令人震惊的，在波提狄亚、安菲波利斯，以及代立昂④，我曾经像其他人一样，按照你们选出的将军的命令，冒着生命危险坚守岗位；后来，当神指派我过一种热爱智慧⑤的生活，这是我认为和相信的，考察我自己和其他人，【29】而我却由于怕死或其他原因脱离岗位。那我真是做了一件可怕的事，我应当被公正地召到这里来受审，因为我不信神、不服从神谕、怕死、不智慧而自以为智慧。雅典人，怕死只是不智慧而以为自己智慧、不知道而自以为知道的另一种形式。没人知道，死也许是人的福中最大的，【b】但是人们都害怕，就好像他们知道死是最大的恶。以为自己知道那些不知道的事情，这种无知肯定是最应受到惩罚的。雅典人，这就是我和世上其他人不同的地方，如果我说自己在某个方面比某人更有智慧，也是因为这一点，由于我不可能恰当地知道哈得斯⑥那里的事情，所以我就认为自己不知道。但我确实知道，做坏事和忤逆尊者，无论这尊者是神还是人，是邪恶的、可耻的。与这些我知道是坏的坏事相比，我从不害怕或回避我不知道没准是好的好事。【c】即使你们

---

① 参阅荷马：《伊利亚特》18：95—96。

② 参阅荷马：《伊利亚特》18：98 以下。

③ 真相（ἀλήθεια），真理。

④ 波提狄亚（Ποτίδαια）、安菲波利斯（Ἀμφιπόλις）、代立昂（Δελίον），均为地名。

⑤ 爱知（φιλοσοῦντα）。

⑥ 哈得斯（Ἅιδου），冥神，掌管冥府地狱，词义为"看不见"。

现在判我无罪，不相信阿尼图斯——他对你们说了，要么一开始就不该把我弄到这个法庭上来，我现在既然已经上了法庭，你们就必须将我处死，因为要是判我无罪，你们的儿子会去实践苏格拉底的教导，彻底堕落——如果你们对我说："苏格拉底，我们现在不相信阿尼图斯，我们判你无罪，但有一个条件，你不能再花时间进行这种考察，【d】不能再爱知，要是被我们知道你仍旧在这样做，那么你必死无疑"，要是你们在这些条件下判我无罪，我会这样回答："雅典人，我向你们致敬，我爱你们，但我宁可服从神而不服从你们，只要我还有一口气，还能做事，我就决不会停止爱知，我要用习惯的方式激励你们，向我遇到的每一个人说：尊敬的先生，你是雅典人，是这个以智慧和力量著称的最伟大的城邦的人；【e】如果你只渴望尽力获取金钱、名声和荣誉，而不追求智慧和真理，不关心如何让灵魂①变成最好的，你难道不感到羞耻吗？如果你们中有人驳斥我的说法，说自己关心这些事，那么我不会让他马上走，我自己也不走，我会询问他、考察他、羞辱他——如果我发现他没有德性，反而说自己有——责备他【30】把价值最大的事情当作最不要紧的事情，把琐碎的小事当作大事。对我遇到的每个人我都会这样做，无论是青年还是老人，是外邦人还是本地人，我尤其要为你们这样做，因为你们是离我最近的同胞。你们一定要明白。这是神命令我这样做的，我相信在这城里没有比我对神的侍奉更大的善行。因为我忙忙碌碌，所做的事情无非就是劝导你们，无论老少，最应关注的不是你们的身体②或财富，【b】而是你们灵魂的最佳状态；好比我对你们说："财富之所以好是因为德性，德性使财富以及其他所有对人有益的东西成为好的，无论个人的还是集体的。"

那么，我若说这样的话毒害青年，这个建议必定是有害的，但若有人说我提供的建议不是这样的，那么他在胡说八道。就此，雅典人，我会对你们说："无论你们是否相信阿尼图斯，【c】无论你们是否判我无罪，

---

① 灵魂（ψῡχή），亦译灵、魂，原意为"气息"。
② 身体（σῶμα），亦译肉体，肉身。

都要明白这是我的既定行为，哪怕要我死许多回。"请安静，雅典人，记住我的请求，听我讲话，不要打断我，我相信听我讲话对你们有好处。我还要告诉你们其他事情，你们听了以后也许会狂呼乱叫。你们一定不要这样做。你们一定要明白，如果你们杀了这种人，我就是我说的这种人，那么你们对我的伤害不如对你们自己的伤害。【d】美勒托也好，阿尼图斯也罢，都无法以任何方式伤害我；他不能伤害我，因为我不相信坏人伤害好人是合法的；他无疑想要杀了我，放逐我，或者剥夺我的公民权，他或其他人认为这是对我的巨大伤害，但我不会这样认为。我想，他现在正在做的事会给他自己带来更大的伤害，因为他试图不公正地处死一个人。确实，雅典人，我现在远非像常人所想象的那样在为自己辩护，而是在为你们辩护，【e】免得你们给我定罪而误用神赐给你们的礼物；如果你们杀了我，再找一个像我这样的人是不容易的。神把我指派给这座城邦——尽管这话听起来有点可笑，但我还是要说——这座城邦就像一匹高贵的骏马，因身形巨大而行动迟缓，需要一只牛虻来刺激它。我相信，神把我安放在这座城里，就是为了让我起这样的作用。我一刻不停地去激励你们中的每个人，【31】整天指责和劝导你们，无论在哪里，只要我发现自己在你们中间。

雅典人，要在你们中间找到另一个这样的人是不容易的，如果你们相信我，那就赦免我。你们也很容易被我激怒，就好像昏睡中的人被惊醒，恨不得一巴掌把我打倒；如果相信阿尼图斯的话，你们也会轻易地杀了我，然后你们可以在你们的余生继续昏睡，除非神眷顾你们，另外指派一个人到你们中间来。我就是神馈赠给这个城邦的礼物，【b】你们可以通过下列事实明白这一点：我多年来放弃自己的全部私事，简直不像是凡人的所作所为，我总是关心和接近你们，像父亲或长兄那样敦促你们关注德性。如果我从中谋利，对我提供的建议收费，那还有些道理，但是现在你们亲眼看到，尽管控我的人厚颜无耻地说我犯有各种罪行，【c】但有一件事他们不敢提出来，就是说我勒索或收取报酬，因为他们不能提供证人。而我却可以提供证据说明我说的是真话，这就是我的贫穷。

我这样做似乎有些奇怪，私下里给人提建议，到处奔走，但却不肯冒险去公民大会，在那里给城邦提建议。其中的原因，你们已经在许多地方听我说过，【d】有神①或精灵发出声音②，美勒托在他的诉状中嘲笑过这一点。这种事从我小时候就开始了，每当这种声音出现的时候，它总是阻止我本来要做的事情，却从来不鼓励我去做什么。它反对我参与公共事务，我认为反对得漂亮。雅典人，你们肯定知道，如果我很久以前就参与政事，那么我早就死了，对你们和对我自己都没有什么好处。【e】别因为我说了真话就发火；凡是坦诚地反对你们，或反对其他人，想要阻止城邦发生不正义、不合法的事情的人，都不可能保全性命。【32】真正为正义而战的人若想活命，哪怕多活很短的时间，必须过一种私人的生活，而不是去参政。

我将为此提供重大证据，它不是言辞，而是你们看重的行动。请听我以往的经历，你们即可知道，我不会因为怕死而向违背正义者屈服，哪怕不屈服就会马上死。我要告诉你们的事情很普通，在法庭上常能听见，但它们是真的。【b】雅典人，除了担任议员我在城邦里没有担任过其他公职，那时候轮到我们安提奥启乡族③当主席，你们想要审理"十将军"④的案子，因为他们在海战结束后未能运回阵亡将士的遗体。这

---

① 神（θεῖον）。

② 声音（φωνή），这里的声音是精灵发出的。

③ 公元前509年，雅典政治家克利斯提尼进行政治体制改革。按居住区域，整个阿提卡划分为一百个区（δῆμος），"德莫"，每十个区组成一个乡族（φυλή）。每一乡族各派50名代表组成"五百人议会"，任期一年。"五百人议会"，是比较平民化的机构，其职责是为公民大会准备提案，并执行公民大会的决议，亦负责重大案件的审理。安提奥启（Ἀντιοχὶς）乡族是阿提卡十个乡族之一。

④ 克利斯提尼改革以后，雅典的军事组织实行十将军制：每年由十个乡族各选一名将军，组成"十将军委员会"，负责该年的军事指挥事宜。十将军中有一人为首席将军。公元前406年，雅典海军在爱琴海西部莱斯堡岛南面战胜斯巴达人。退兵时因海上风暴骤起，雅典海军未能收回阵亡将士的遗体，统兵的十位将军因此受到控告。原告提议不必个别审理，要求统一由民众投票表决，意欲置他们于死地。这种做法不符合雅典的法律，但轮值主席团中只有苏格拉底一人反对。

样做是非法的，你们后来也承认。当时的主席中只有我一人反对你们做违法的事，投了反对票。那些演说家打算弹劾我，逮捕我，你们也在鼓噪，怂恿他们这样做，【c】但我认为自己应当冒险站在法律和正义的一边，而不应当由于害怕被监禁或处死，支持你们进行一场不公正的审判。

这件事发生的时候，城邦还是民主制。等到成了寡头制，"三十僭主"①召我和其他四人去圆厅②，命令我们去萨拉米③把勒翁④抓来处死。【d】他们对许多人发出过类似的命令，想让尽可能多的人承担罪责。这时我再次用行动，而不是用言辞，表明我宁愿死，如果你们不感到我这样说太粗鲁的话，也不愿做这种不公正、不虔敬的事。政府的力量虽然强大，但不能强迫我去作恶。离开圆厅以后，其他四人径直去了萨拉米抓勒翁，而我回家了。【e】要是这个政府没有马上倒台，我可能已经为这件事被处死了。关于这件事，有许多人可以向你们作证。

如果我参与公共事务，像一个好人必须做的那样行事，维护公道，并把这一点看得无比重要，那么你们认为我这些年还能活命吗？差得很远，雅典人，【33】其他任何人都做不到。我这一生，无论是履行公务，还是处理私事，都是始终如一的。我从来不向任何行不义的人妥协，无论是那些被某些人恶意地称为我的学生的人，还是其他人。我从来不是任何人的老师。如果有人愿意来听我谈话，做我关心的那些事，无论年轻人还是老人，我也决不吝惜把机会给任何人，但我不会收了钱就谈话，【b】不收钱就不谈。我准备回答所有人的提问，无论贫富，只要他们愿意回答我的问题，听我谈论。因此我不能对这些人变好了或是

---

① 伯罗奔尼撒战争后，斯巴达取胜，在雅典扶植成立寡头制政府，公元前 404 年，雅典成立由三十僭主掌权的政府，但仅掌权八个月。三十僭主起初只处死一些人们不喜欢的政客，后来诛杀民主制的支持者、富有的公民和外邦人。苏格拉底不是民主派，在三十僭主统治时期没有离开雅典。

② 圆厅（θόλος），一所圆形建筑，在雅典"五百人议会"议事厅旁。

③ 萨拉米（Σαλαμίνιος）。

④ 勒翁（Λέον）。

没变好负责，要我对此负责是不公平的，因为我从来没有许诺要教他们什么，也没有教给他们什么。如果有人说他曾向我学习，或者从我这里私下里听到某些其他人没听说过的事情，你们完全可以断定他说的不是真话。

【c】那么，为什么有人乐意花费大量时间与我为伴呢？雅典人，原因你们已经听到了，我已经把事情真相全部告诉你们了。他们乐意听我盘问那些自以为有智慧而实际上没有智慧的人。做这种事并非不愉快。这样做，我说过，是神指派我做的，通过神谕和托梦，还有神命令人去做事时的其他各种显现方式。雅典人，这是真的，很容易识别。

【d】如果我毒害一些青年，并且过去就在毒害他们，那么他们中的某些人现在年纪已经大了，要是他们发现我在他们年轻时给他们提的建议不好，那么他们现在会站出来指责我，为自己报仇。要是他们自己不愿意，他们的亲戚，父亲、兄弟或其他远亲会记得这些事，如果他们的家庭被我伤害，他们都会走上来报复我。【e】我看到许多人就在这里，第一位克里托，他跟我同龄，住在同一个区，是这位克里托布卢的父亲；其次是斯费图的吕珊尼亚斯，他是埃斯基涅的父亲；还有凯菲索的安提丰，他是厄庇革涅的父亲；还有一些人在这里，他们的兄弟以这种方式消磨时间；尼科司特拉图，塞奥佐提德之子，他是塞奥多图的兄弟，不过塞奥多图已经死了，所以尼科司特拉图不能影响他的兄弟；【34】帕拉留斯在这里，他是德谟多库斯之子，塞亚革斯的兄弟；这里还有阿狄曼图，他是阿里斯通之子，他的兄弟柏拉图就在那边；还有埃安托多鲁，他的兄弟阿波罗多洛就在这边。①

我还能说出许多人的名字来，美勒托肯定应当用他们中的某些人为

---

① 苏格拉底这段话提到了许多在场的乡邻、朋友和学生的名字：克里托（Κρίτων）、克里托布卢（Κριτοβούλος）、斯费图（Σφήττιος）的吕珊尼亚斯（Λυσανίας）、埃斯基涅（Αίσχίνης）、凯菲索（Κηφισιεύς）的安提丰（Άντιφων）、厄庇革涅（Έπιγένης）、尼科司特拉图（Νικόστρατος）、帕拉留斯（Πάραλος）、阿狄曼图（Αδείμαντος）、柏拉图（Πλάτων）、埃安托多鲁（Αίαντόδωρος）、阿波罗多洛（Απολλόδωρος）。

他自己的讲话作证人。如果他忘了，那么让他现在就这样做；如果他有什么要说，我愿意把时间让给他。雅典人，你们看，情况正好相反。这些人全都准备帮助我这个毒害人的人，【b】帮助我这个伤害了他们的亲戚的人，如美勒托和阿尼图斯所说。被毒害了的人也许还有理由要来帮助我，那些没有被毒害的人，他们年纪较大的亲戚，没有理由要来帮我，除非有一个公正而又恰当的理由，这就是他们知道美勒托在撒谎，而我说的是真话。

各位，这些话，也许还有其他一些相同的话，【c】就是我在为自己申辩时必须说的话了。你们中也许有人想起自己以往受审时所作的申辩会生我的气，尽管案子①不如我的重，但他在受审时痛哭流涕，苦苦哀求，把他们的孩子以及其他亲戚朋友也带到法庭上来，以博取最大程度的同情，但这些事我是不会做的，宁愿冒好像是最大的危险。【d】这样想的人也许会对我更加固执，并为此生气，投我的反对票来发泄怒火。你们中如果有这样的人，我假定没有，但若有的话，我想这样回答就很好：我的大善人，我也有家庭，用荷马的话来说就是，我不是"出生于岩石或古老的橡树"，②我的父母也是人，所以我也有家庭，有儿子，雅典人，有三个呢，一个已经接近成年，有两个还是小孩。但我不需要带他们中的哪个上来求你们投票放了我。我为什么不做这种事？【e】雅典人，不是我刚愎自用，也不是我轻视你们。我面对死亡是否勇敢与此无关，事关我的名誉，事关你们的名誉，事关整个城邦的名誉，以我这样的年纪和声望，做这种事不可能是对的。我的名望，无论真假，人们一般认为苏格拉底在某些方面优于大多数人。【35】如果你们中有人在智慧、勇敢，或其他德性方面被认为是卓越的，但却有这样的举止，那真是一种耻辱。然而，我经常看到有人做这种事，在受审的时候，尽管还算个人物，但却表现得极差，以为死是一件可怕的事情，好像你们要是不处死他们，他们就

---

① 案子（ἀγῶνα），官司。

② 荷马：《奥德赛》19：163。

能不朽①。【b】我认为这些人给城邦带来了耻辱，所以陌生人看了免不了会想，这些拥有高贵品德、被选举担任公职、接受其他荣耀的人，其实和女人没什么不同。雅典人，如果你们还有一点荣誉感，都不该这样做；如果我们这样做了，你们也一定不该允许。你们要明确，谁要是把这种可怜的表演带上法庭、使城邦成为笑柄，你们更应当投他的反对票，而不是给那缄口沉默的人投反对票。

【c】雅典人，除了声望问题，我认为向审判官求情是不对的，靠乞求逃脱也不应该，正确的做法是开导和说服他们。占据审判席的人② 不是为了施舍公正，而是要裁判公正，审判官立下誓言，不是要按照自己的喜好施舍，而是要依据法律审判。所以我们一定不能让你们背弃誓言，你们也不应该习惯于背弃誓言。否则，我们双方的行为都是对法律的不敬。

【d】雅典人，你们别指望我以这样的方式对待你们，我认为这样做既不光彩，又不正当，亦不虔敬，尤其是，宙斯在上，美勒托就在这里告我不虔敬；很清楚，如果我用哀求来对你们庄严的誓言施暴，以此来说服你们，那么我就是在教你们神是不存在③的，而我的申辩也就成了控告自己不信神。但这绝非事实，雅典人，因为我笃信神，我的原告没有哪个能比得上我。我请你们和神④，用对我和对你们最好的方式，审判我。⑤

【e】雅典人，你们判我有罪，我有其他很多理由不生你们的气，【36】我对这个结果并不感到意外。令我十分惊讶的倒是双方的投票，我没想到票数会如此接近，而不是差距很大。现在看来，如果再有30

---

① 不朽（ἀθανάτος），不死。

② 占据审判席的人（οἱ καθήμενοι），即审判官。

③ 存在（εἶναι），亦译为是、有、在。

④ 这里的神是单数，具体所指不明。

⑤ 苏格拉底的初次发言到此结束，审判团投票表决，判苏格拉底有罪，美勒托提议处死苏格拉底。

票投向另一方，我就会被宣布无罪开释了。①【b】我认为，我本人已经把美勒托的控告清除了，不仅如此，大家都很清楚，如果阿尼图斯和吕孔没有与美勒托联手前来控告我，那么美勒托就得为他没有得到五分之一的赞成票而缴一千德拉克玛的罚款了。

他②提议③要处死我。就这样吧！雅典人，我应当向你们提出什么不同的建议来替代④呢？显然应当是按照品行⑤我应得的，那它是什么呢？按照我的品行我要遭受或付出什么呢？我有意不去过普通人的平静生活，放弃大多数人的追求：财富、家产、将军的高位、演说家、其他职位，或者参加城里的朋党和帮派，不是吗？【c】我认为自己过于忠厚，参与这些事情难免送命。所以，我没有去那里做这些事，如果去了，对你们和对我自己都没有什么好处，而是与你们个别私下相处，做有最大好处的事情；我试图逐个劝说你们，在关心你自己之前不要关心你的身外之物，要尽可能地善良与明智，不要在关心城邦自身之前关心城邦拥有的东西，【d】对其他事物也要按同样的方式来关心。我既然是这样的一个人，那么按我的品行，我该得到什么样的对待呢？应当是好的！雅典人，如果真的要按我的品行来提出我应得的，而且是我该得的那种好事，那么对我这样一个需要闲暇来劝勉你们的贫穷的恩人⑥，应当得到

---

① 依雅典法律规定，审判第一轮由全体审判官投票表决，按多数票决定被告是否有罪。原告一方如得票不足全票的五分之一，即为诬告，应缴罚款一千德拉克玛。无史料明确记载审判苏格拉底一案的审判团有多少人。第欧根尼·拉尔修在《名哲言行录》中说，苏格拉底"以281票被判有罪，比那些同意判他无罪的票要多。"（2.41）依此计算，苏格拉底一案第一轮投票有281票赞成，220票反对，原告三人，共得281赞成票，若三人平均，少于全票的五分之一。
② 指美勒托。
③ 提议（τιμάω），原义是"评判"或"荣耀"，引申为法律用语，指"量刑"。
④ 苏格拉底的案子没有固定的处罚，法律规定原告和被告各提一种处罚方式，审判团在这两种方式中选择一种，但不能提出第三种处罚。
⑤ 品行（ἄξιός）。
⑥ 恩人（εὐεγρέτης）。

什么样的好处呢？雅典人，给我这种人最恰当的对待，就是在市政厅①里用膳，比你们中在奥林匹亚赛会上的胜利者更适合得到这样的待遇，无论是赛马还是赛车。【e】奥林匹亚赛会的胜利者好像在为你们造福，而我就是在为你们造福；他不需要这种供养，而我需要。所以，按照公正的原则，依据我的品行，我的提议是：【37】在市政厅用膳。

当我这样说的时候，你们可能会认为我很傲慢，就像我在谈论乞怜和妥协时一样，但是雅典人，不是这么回事；真实情况倒应当是这样的，我确信自己从来没有对谁行不义，至少不曾故意行不义，但我无法让你们确信这一点，因为我们在一起交谈时间太短。【b】如果我们有一条法律，像其他地方②一样，规定判死刑的大案的审理时间不是一天而是几天，你们就会被说服了，而现在要在这么短的时间里，从这么大的诬告中解脱出来是不容易的。我确信，我没有对任何人行不义，我也不会对自己行不义，不会说自己该得恶报，给自己提出这样一种惩罚方式。我怕什么？怕遭受美勒托提议的这种处罚吗？我说了，我不知道这对我是好事还是坏事。难道我不这样，而要从我明知道是坏的事情中另找一种来处罚我吗？【c】难道要监禁？我为什么要被监禁，总是③受制于当政者，给"十一人"④当奴隶呢？罚款，在付清前先要监禁吗？这对我来说是一回事，因为我没钱交罚金。放逐，行吗？你们也许会接受这个提议。

雅典人，我要何等贪生怕死，才会如此不合理，乃至于看不出你们这些我的同胞公民无法忍受我的行为和言论，【d】觉得我的言行难以承受，惹人忌恨，想要设法除掉它；那么，其他人就比较容易忍受这些事情吗？雅典人，不可能。我这样的年纪遭到放逐，被赶出城邦，一个接

---

① 雅典市政厅（πρυτνεῖον），在这里举行公宴，招待有功将领或奥林匹亚赛会胜利者。
② 斯巴达的法律就是这样规定的。
③ 总是（ἀεί），一直，永远。
④ "十一人"（ἕνδεκα），负责监狱管理和执行刑罚的典狱官，由抽签选定。

一个，这可真是一种美妙的生活，因为我非常明白，无论我去了哪里，都会像这里一样有青年来听我谈话。【e】如果我把他们赶走，那么他们会让他们的兄长来把我赶走；如果我不把他们赶走，那么他们的父亲和其他亲戚会为了这些青年来赶我走。

也许有人会说：苏格拉底，如果你离开我们，你不就可以安安静静地过你的日子，不用再谈话了吗？在这一点上要使你们中的某些人信服是最难的。【38】如果我说要我保持沉默是不可能的，因为这样做有违神的旨意，那么你们不会相信我，会以为我在讥讽①你们。如果我又说，天天谈论德性，谈论其他你们听我说过的事——听我对自己和其他人的考察，我要说，未经考察的生活不值得过，而这对人而言正是最大的善——你们更加不会相信我。【b】如我所说，事情就是这样，雅典人，但不容易让你们信服。同时，我也不习惯认为自己这样的品行该受惩罚。如果我有钱，我会提议一笔我付得起的罚金，因为那样不会给我带来什么伤害，可是我没有钱，除非你们愿意把罚金定在我能付得起的范围内，也许我能付一明那银子②。这就是我的提议。

雅典人，柏拉图在这里，还有克里托、克里托布卢、阿波罗多洛，他们要我提议罚款三十明那，他们作担保。那么好吧，我就提这些了，他们有足够的能力为这笔罚款担保。③

【c】雅典人，要不了多久，那些反对城邦的人就会认为你们有罪，因为你们杀了有智慧的苏格拉底，那些想责怪你们的人也会这么看，他们会说我是有智慧的，哪怕我没有智慧，只要你们再等一段时间，这件

---

① 讥讽（εἰρωνευμένῳ）。

② 公元前 5 世纪末，一名雇工一天的标准工钱为 1 德拉克玛，1 明那合 100 德拉克玛，所以是相当大的一笔钱。第欧根尼·拉尔修在《名哲言行录》中则说，"他提议支付 25 德拉克玛。"（2.41）

③ 审判团再次投票，判处苏格拉底死刑，苏格拉底作最后陈述。第欧根尼·拉尔修在《名哲言行录》中说，"后来，通过了对他的死刑判决，还新增了 80 张票。"（2.42）

事就会发生。瞧我这把年纪，活得很长，现在接近死亡了。我说这些话并非针对你们全体，【d】而是针对投票判处我死刑的人，对这些人我要说：雅典人，你们也许认为我很难用语言来说服你们，赢得这场官司，就好像为了获释我应当什么都说，什么都做。远非如此。我很难赢得这场官司，其原因不是缺乏言辞，而是缺乏厚颜无耻和懦弱，不肯对你们说那些你们喜欢听的话。我不会痛哭流涕，摇尾乞怜，【e】不做也不说那些不合自己品行的话，而你们习惯从其他人那里听到这种话。我不认为面临危险就可以做任何卑贱的事，我对我的申辩方式并不后悔。我宁可做了这样的申辩以后去死，也不愿活着再去做其他申辩。【39】因为，无论在审案中，还是在战斗中，我和其他人都不应该想方设法逃避死亡。打仗的时候，人常常可以放下武器，跪地求饶，乞求敌人的怜悯，面对各种危险，避免死亡的办法多的是，只要你敢说敢做。【b】但是，雅典人，逃离死亡并不难，难的是逃离邪恶，因为邪恶比死亡跑得更快。我现在年纪又大，跑得又慢，已经快要被那个跑得较慢的死亡追上了，而那些控告我的人尽管身手敏捷，却也已经被那个跑得较快的邪恶① 追上了。现在我要离开你们了，接受你们判我的死刑；他们却要接受真理所判的有罪和不公正。所以，让我遵守我受到的判决，他们遵守他们受到的判决。事情也许就应该是这样的，我认为他们也应该得到他们应得的。

【c】现在我愿对那些判我死刑的人说些预言，因为我现在正处于人最容易说预言的时候，也就是临死前。我要说，杀我的人，宙斯在上，我一死，你们的报应很快就会降临，比你们给我的死刑要残酷得多。你们现在这样做了，以为自己的生活无需接受考察，而如我所说，结果完全相反。将来考察你们的人会有很多，我一直在阻拦他们，【d】而你们看不到。他们会更加严厉，因为他们比你们年轻，会令你们更加恼火。如果你们相信杀人就能阻止有人指责你们活得不对头，那么这个念头不对。想要逃避这种考察，既无可能又不光彩，最好、最方便的办法不是

---

① 邪恶（κακίας）。

堵住别人的嘴，而是自己尽力成为最好的人。这就是我临行前留给你们这些投票判我有罪的人的预言。

【e】趁官员们还在忙碌，而我还没有去我的受死之地，我很高兴对你们这些投票判我无罪的人谈谈这样一件事。所以，各位，跟我一起再待一会儿。只要还可以，我们可以聊聊天。【40】我想把你们当朋友，跟你们说说刚才所发生的这件事对我意味着什么。各位审判官，我这样称呼①你们才对，我碰到的这件事非常奇妙。从前，那个与我相伴的精灵的声音总会不断地出来反对我，如果我要做什么错事，无论事情多么微小，它都会加以阻止；而现在，你们看，我碰上了这件人们都认为是最凶险的事，然而，【b】无论是我今晨离家，还是我来到法庭，或者是在我发言的时候，这个神的信号都没有阻拦我。在其他场合，这种阻拦经常出现在我说话的时候，但这一次它对我说的每句话，对我做的每件事，都没有进行阻拦。对此我是怎么想的，原因何在？我会告诉你们的。我以为我碰上的这件事是一种福气，而我们中那些认为死亡是一种恶的人肯定错了。【c】对此我有令人信服的证据，因为我要做的事情如果不对，那么我熟悉的信号不会不阻拦我。

让我们来想象一下，这为什么很有希望②成为一件好事。因为死亡无非就是两种情况之一：它要么是一种湮灭，死者毫无知觉；要么如人所说，它是一种真正的转变和迁徙，是灵魂从一处移居到另一处。【d】如果人死以后毫无知觉，就像进入无梦的长眠，那么死亡真是一种奇妙的境界。我想，要是某人把他睡得十分香甜、连梦都不做一个的夜晚挑出来，拿来与他今生已经度过的其他夜晚和白天相比，那么就能看到，有多少个白天和黑夜能比这个夜晚更好，更舒服，且不说普通人，哪怕是伟大的国王③，也会发现能够香甜熟睡的夜晚与其他日夜相比屈指

---

① 苏格拉底在前面都称审判团为"雅典人"，面对投票判自己无罪的审判官，他改了称呼。

② 希望（ἐλπίς）。

③ 伟大的国王（τὸν μέγαν βασιλέα）。

可数。【e】如果死亡就是这个样子，那么我要说这真是一件好事，因为到那个时候，永恒好像也并不比一个夜晚更长。另外，如果死亡就是从这里转移到那里，而且人们所说的事情是真的，即所有死人都在那里，【41】各位审判官，还有什么比这更好？如果能够抵达冥府，逃避那些在这里称自己为审判官的人，就会在那里见到真正的审判官，弥诺斯、拉达曼堤斯、埃阿科斯①、还能见到特里普托勒摩斯②以及其他所有半神，他们由于生前正直而死后成为神，这样的旅行会是凄惨的吗？还有，要是能与奥菲斯、穆赛乌斯、赫西奥德、荷马③相伴，你们中谁不愿付出高额代价？如果这是真的，那么我情愿死很多次。【b】若能在那里见到帕拉墨得斯④和忒拉蒙之子埃阿斯⑤，以及其他因不公正审判而死的古人，拿我的遭遇与他们相比，那么这样的生活对我来说太美妙了。我认为，这没有什么不快乐。最重要的是，我会在那里考察和检验人，就像我在这里做的一样，看他们当中谁有智慧，谁自以为有智慧。

审判团的先生们，【c】如果有机会考察那个统帅大军征讨特洛伊的首领⑥，或者有机会向奥德修斯⑦、西绪福斯⑧，以及其他无数的男男女女提问，人还有什么代价会不愿付出呢？与他们谈话，与他们为伴，考察

---

① 希腊神话传说中的冥府判官有三位：即弥诺斯（Μίνως）、拉达曼堤斯（Ῥαδάμανθυς）、埃阿科斯（Αἰακος）。

② 特里普托勒摩斯（Τριπτόλεμος），生前是人，死后成为神。

③ 希腊诗人：奥菲斯（Ὀρφεύς）、穆赛乌斯（Μουσαῖος）、赫西奥德（Ἡσίοδος）、荷马（Ὅμηρος）。前两人为神话传说中的人物。

④ 帕拉墨得斯（Παλαμήδης），参加特洛伊战争，被指控通敌，被阿该亚人用石头砸死。

⑤ 忒拉蒙（Τελαμῶνος）之子埃阿斯（Αἴας），特洛伊战争中的阿该亚联军勇将，参阅《奥德赛》11：541。

⑥ 指阿该亚联军统帅阿伽门农。

⑦ 奥德修斯（Ὀδσσεύς），阿该亚联军将领，为人狡诈，荷马史诗《奥德赛》的主角。

⑧ 西绪福斯（Σίσυφος），科林斯国王，暴君，死后被罚在地狱里推巨石上山，快到顶时巨石滚下，重新再推，循环不止。

他们，是一种极大的幸福。他们在任何情况下都不会因为谈话而把一个人处死。如果我们听到的这些事情属实，那么他们在那里比我们在这里更幸福，因为他们的余生是不死的。

审判团的先生们，你们也必须抱着良好的希望看待死亡，【d】请你们记在心里，好人生前死后都不能受到伤害，众神①不会对他的事情无动于衷。我现在碰到的这件事不是偶然的，而是清楚地显示给我的，死亡和从杂事中摆脱，这样对我更好。这就是神的征兆在此过程中没有前来阻拦我的原因。因此，我肯定不怨恨那些投票判我死刑的人和控告我的人。当然了，他们不是因为想到了这些事情才投我的反对和控告我的，【e】他们是要伤害我，因此他们应受谴责。但我对他们有个请求。各位，我的儿子长大以后，如果你们认为他们关心金钱或其他东西胜过关心德性，如果他们自以为是而实际上什么也不是，那么请你们用我对付你们的办法报复我的儿子，像我使你们伤心一样使他们伤心。请你们责备他们，就像我责备你们，因为他们不关心正确的事情，【42】在他们实际上一文不值的时候自认为了不起。如果你们这样做了，那么我算是得到了你们的公平对待，我的儿子也一样。

是我该走的时候了，我去死，你们去活。无人知道谁的命更好，只有神知道。

---

① 众神（θεόι），亦译诸神。

克里托篇

提　要

　　克里托是本篇谈话人。他的名字成为本篇对话标题，符合柏拉图对话命名的通例。公元1世纪的塞拉绪罗在编定柏拉图作品篇目时，将本篇编为第一组四联剧的第三篇，并称本篇的性质是伦理的，称本篇的主题是论义务。[①] 本篇对话篇幅短小，译成中文约1万字。

　　本篇对话的场景是关押苏格拉底的囚室。从苏格拉底受审到执行死刑有一个月的间隙。雅典城邦一年一度派遣船只前往宗教圣地德洛斯朝觐。按照惯例，这条神圣的大船返回雅典之前不能处死任何犯人。苏格拉底受审之时，城邦派往圣地朝觐的大船已经出发。由于某种原因，这次朝觐所花的时间较长。苏格拉底的朋友们利用这段时间制订计划，想要营救苏格拉底出狱，让他离开雅典。克里托自己有足够的钱可以用来解救苏格拉底，其他许多朋友也乐意奉献，许多外邦的朋友可以帮助苏格拉底在那里过上幸福生活。克里托于某日傍晚得知那条朝觐的大船就要到达雅典的消息，于是他贿赂狱卒，于次日凌晨前去探监，把营救计划告诉苏格拉底，劝他逃走。两人的谈话就此展开。

　　面对克里托的劝告，苏格拉底拒绝逃跑。苏格拉底问：用以恶报恶的方式来保护自己是否正当？雅典法庭对他的判决肯定不公，但违反法律逃跑就正确吗？如果个人可以置法律于不顾，那会给国家造成什么样的伤害？苏格拉底认为，雅典法庭判处苏格拉底死刑是错误的，但审判

[①]　参阅第欧根尼·拉尔修：《名哲言行录》3：58。

本身是合法的，是由法庭按照法律程序进行的。因此，服从合法的判决是公民的责任。公民只要受到审判，就要服从判决，哪怕法庭的判决是错误的。如果公民个人可以漠视法庭的判决，那么所有法律和秩序都会荡然无存。苏格拉底在本篇中试图证明：公民在任何情况下都必须服从国家的法律，除非他改变对法律的看法；公民受到错误的审判，冤枉他的不是法律，而是滥用法律的人；如果受冤枉的公民越狱逃跑，那么他的行为是对法律本身的挑战，其结果将会使整个社会制度归于无效。

正　文

谈话人：苏格拉底、克里托①

苏　【43】为什么来这么早，克里托？时候已经不早了？

克　还很早。

苏　有多早？

克　就快要天亮了。

苏　真奇怪，狱卒还能听你的。

克　他现在对我相当友好，苏格拉底。我常来，还塞了一些东西给他。

苏　你刚到，还是来了有一会儿了？

克　有一会儿了。

苏　【b】那你为什么不叫醒我，而是安静地坐在这里？

克　我不敢，苏格拉底，宙斯在上，我只希望自己不会失眠和感到沮丧。看你睡得那么香，我真感到惊讶。我故意不叫醒你，好让你尽量过得舒服一些。我以前经常认为你的生活方式是幸福的，现在你虽然大祸临头，却仍旧能够镇定自若、泰然处之。

苏　克里托，像我这把年纪的人还要抱怨我必死的事实，那就太不像话了。

---

①　克里托（Κρίτων），苏格拉底的老朋友，与苏格拉底年纪相仿。

克 【c】其他与你年纪相仿的人也会陷入噩运，但年纪大并不能阻止他们抱怨命运。

苏 是这样的。但你为什么来这么早呢？

克 我带来一个坏消息，苏格拉底，对你来说你显然不会认为这个消息是坏的，但对我和对你的所有朋友来说，这个消息是个坏消息，我们很难承受，尤其是我。

苏 【d】什么消息？莫不是那条从德洛斯①回来的船已经到了，我必须去死了吗？

克 船还没到，但是根据那些从索尼昂②下船的人带来的消息，我相信它今天就会到了。所以，船显然今天会到，你的生命明天必定终结。

苏 我愿如此，这是最好的结果。如果众神希望如此，那就让它这样吧。不过，我认为那条船今天到不了。

克 【44】为什么你会这样想？

苏 我会跟你解释。那条船到后的第二天我必须死。

克 管事的人是这么说的。

苏 所以我认为船今天到不了，明天才会到。我刚才做的梦可以为证。看来你刚才不叫醒我是对的。

克 你做的什么梦？

苏 我梦见一位白衣丽人向我走来。【b】她叫我的名字，说"苏格拉底，第三天你会抵达土地肥沃的弗提亚"。③

克 一个怪梦，苏格拉底。

苏 在我看来，克里托，它的意思很清楚。

克 似乎太清楚了，我亲爱的苏格拉底，现在还是听我的，救救你自己吧。你要是死了，对我来说就不仅是一场灾难。我不仅失去一位无

---

① 德洛斯（Δῆλος），小岛名，希腊神话中说它原是漂浮的，直到宙斯将它锚定。这里是阿波罗的出生地，也是后来所谓"德洛斯同盟"的大本营。德洛斯原译"提洛"。

② 索尼昂（Σουνίου），阿提卡南端的一个著名海角。

③ 荷马：《伊利亚特》9：363。弗提亚（Φθία）是帖撒利的一个区，阿喀琉斯的家乡。

法替代的朋友，【c】而且有许多与你我不太熟的人会以为是我让你去死的，因为本来花点钱我就可以救你出狱，但我却没能这样做。重钱财而轻朋友，没有比这更加可耻的恶名了，大多数人不会相信，尽管我们全力敦促你离开此地，是你自己拒绝了。

　　苏　我善良的克里托，我们为什么要顾忌多数人的想法呢？应当得到更多关注的是那些最懂道理的人，他们会相信事实真相。

　　克　【d】可是，你瞧，苏格拉底，众人的意见也不得不顾。你当前的处境足以表明众人带来的伤害不会小，如果在他们中间把名声搞坏了，众人也会作大恶。

　　苏　但愿他们既能作大恶，又能行大善，那就好了，只是现在他们两样都不能。他们既不能使人聪明，也不能使人愚蠢；他们的行为完全是任意的。

　　克　【e】也许吧。但是请你告诉我，苏格拉底，你是否担心，要是你逃离此地，我和你的其他朋友会碰上麻烦，有人会告发我们帮你逃跑，就好像我们把你偷走似的，因此我们的财产会被没收，或者要付巨额罚金，【45】还会受到其他惩罚？如果你有这样的顾虑，那么请打消这些念头。我们冒险救你是正当的，如果必要，我们可以冒更大的危险。接受我的建议吧，别再固执了。

　　苏　我记得这些事，克里托，我也记得其他许多事情。

　　克　别再担心了。为了把你从这里弄出去，那些人索要的钱不算多。还有，你难道不知道那些告密者很容易收买，要搞定他们花不了多少钱？【b】我的钱随时可用，我想，足够了。如果你担心我，因此不愿意花我的钱，那么还有一些外邦人在这里提供帮助。他们中有一位底比斯人西米亚斯①，专门为此而来，带了足够的钱。克贝②也这样，还有其

---

① 西米亚斯（Σιμμίας），毕泰戈拉学派哲学家，底比斯（Θῆβαι）人。荷马史诗中提到有好几座城市的名字叫底比斯，最著名的有波埃提亚的底比斯、特洛亚的底比斯、埃及的底比斯。

② 克贝（Κέβης），毕泰戈拉学派哲学家。

他许多人。所以，如我所说，别为了这种顾虑而对要不要救你自己感到犹豫不决，也别顾忌你在法庭上说过的话，【c】说你不知道离开雅典以后该如何自处，因为在你去的许多地方，你都会受到欢迎。如果你想去帖撒利①，我有朋友在那里，他们会款待你、保护你，在帖撒利没人会伤害你。

另外，苏格拉底，我认为你的做法是不公正的，在能够得救的时候放弃自己的生命，像你的敌人一样加快你的命运进程，如他们所愿加速毁掉你自己。【d】更有甚者，我认为你辜负了你的儿子，在能够抚养和教育他们的时候，你却要离开和抛弃他们。这样做，表明你不关心他们的命运。他们将来的命运可能就是孤儿的命运。要么不要孩子，要么就与他们在一起，精心抚养和教育他们。在我看来你似乎选择了一条最轻松的道路，而我认为你应当像一名善良、勇敢的人那样去选择，尤其是一个自称要终身关注德性的人。

【e】我感到羞耻，既为你，也为我们这些朋友，省得你碰上的所有事情都被人归因于我们一方的胆怯；你上法庭去接受审判，这样做其实没有必要，而现在这个荒唐的结果会被人认为，由于我们一方胆小怕事，事情失控了，【46】在我们有可能救你、也能够救你的时候，我们没能救你，或者说你没能救你自己，哪怕说我们还有一丁点儿用处。想一想吧，苏格拉底，这样做不仅是邪恶，而且是羞耻，既对你，也对我们。你仔细想一想吧，或者说，考虑的时间已经过了，现在到了该下决心的时候了，以后不会再有机会了，整件事今晚必须完成。如果我们再拖延，那就不可能了，就太迟了。让我用各种理由来说服你，苏格拉底，听我的话，不要再固执了。

苏【b】亲爱的克里托，你的热情若有正确的目的，必定有很高的价值；但若没有，你的热情越高，我就越难对付。因此，我们必须考察是否要按这种方式行事，不仅现在，而且一直以来，我不是那种随便接受建议的人，除非经过思考证明它是最好的。现在我碰上这种命运，但

---

① 帖撒利（Θεττλία），希腊半岛北部的一个地区。

我不能放弃惯常使用的论证，【c】它们在我看来依然如故。我像从前一样高度评价和敬重这些原则，如果现在我们提不出更好的论证，那么我肯定不会同意你的看法；哪怕民众用监禁、处死、没收财产来恐吓我们，就好像我们是小孩子，我也不会同意。我们该如何最合理地考虑这个问题呢？【d】是否应当先来看你关于民众意见的论证，看一个人是否应当在各种场合都要注意某些意见，而不必理会其他意见呢？或者说，在我被判死刑之前谈这个问题也许是适宜的，而现在谈这个问题，显然就成了空洞的论证，实际上是一种游戏和胡说？我渴望与你一道进行考察，克里托，让我们来看这个论证在我当下处境中会以各种方式向我呈现出不同的意义，还是会保持原样，我们应当抛弃它还是相信它。【e】那些思想严谨的人在各种场合说过，就像我刚才说的那样，民众的某些意见应当高度尊重，而其他意见则不必理会。神灵在上，克里托，你认为这是一个完善的说法吗？你作为一个凡人，不像明天就要死去，【47】所以眼前呈现的这种不幸不会使你丧失理智。所以请你考虑，一个人一定不能听从民众的所有意见，而只能尊重民众的某些意见，不尊重民众的其他意见，一个人也不必听从所有人的意见，有些人的意见要听，有些人的意见不必听，这个说法不是很合理吗？你有什么要说的？这个说法不对吗？

克　说得很对。

苏　一个人要尊重好意见，而不要尊重坏意见，对吗？

克　对。

苏　好意见就是聪明人的意见，坏意见就是愚蠢者的意见，对吗？

克　当然对。

苏　好吧。有这样一个说法：【b】一个专门从事身体锻炼的人应当重视所有人的赞美和责备，还是应当听从一个人的意见，即医生或教练的意见？

克　只听一个人的意见。

苏　因此，他应当畏惧一个人的责备、欢迎一个人的赞美，而不理会其他许多人的意见，是吗？

克　显然如此。

苏　所以他必须按照那个人，那个教练或其他内行。认为正确的意见来行动和锻炼，来吃饭与喝水，而不用理会其他人的想法，对吗？

克　就是这样。

苏　【c】很好。如果他违背那个人，不听他的意见或赞美，而是计较众多没有知识的人的意见，他会不受伤害吗？

克　当然会。

苏　这种伤害是什么、它朝向何处、它会影响人的哪个部分？

克　显然要伤害他的身体，这是它想要摧毁的。

苏　说得好。涉及其他事情，我们不必尽数列举，而关于行动当然有正义和不义、可耻与光荣、【d】善良与邪恶之分，这是我们现在正在谈论的主题，我们应当顺从和恐惧众人的意见，还是应当接受一个人的意见，假定这个人对这些事情拥有知识，在他面前我们应当感到恐惧和羞耻，超过面对其他所有人。如果我们不遵守他的指点，我们就会伤害和弄坏我们自己的某个部分，正义的行动会改善它，不义的行动会摧毁它。或者说，这些话没啥道理？

克　我认为确实如此，苏格拉底。

苏　现在来看，如果我们由于不顺从那些内行的人的意见而毁掉了可被健康所改善、可被疾病所摧毁的部分，这个部分被摧毁了，【e】那么这样的生活还值得过吗？我说的这个部分是身体，对不对？

克　对。

苏　身体被摧毁了、朝着坏的方向发展，这样的生活还值得过吗？

克　不值得。

苏　不义的行动伤害我们的某个部分、正义的行动使我们的某个部分受益，我们的这个部分要是毁坏了，这样的生活还值得过吗？或者说，我们认为我们的这个部分，【48】无论它是什么，与正义和不义相关，比身体还要低劣吗？

克　绝对不会。

苏　这个部分更加珍贵？

克　珍贵得多。

苏　所以我们不应当过多地考虑大多数人会怎么说我们，而应当考虑那个懂得正义和不义的人会说些什么，这个人就是真理本身。所以，首先，你错误地相信我们应当注意众人对什么是正义、美、善，及其对立面的意见。但有人会说，"众人能够处死我们。"

克　【b】这太明显了，苏格拉底，有人肯定会这么说。

苏　但是，我可敬的朋友，我们刚才通过的论证，我想，依然有效。我们来考察一番，看下面的陈述是否依然成立：最重要的事情不是活着，而是善良地活。

克　这个陈述依然成立。

苏　善良的生活、美好的生活、正义的生活是一回事，这个陈述依然成立吗？

克　依然成立。

苏　到现在为止我们的看法一致，下面我们必须考察【c】在雅典人没有赦免我的时候逃离此处，这样的行为对我来说是正当的吗？如果这样做是正当的，那么我们要尝试一番；如果这样做是不正当的，那么我们要抛弃这种念头。至于你提出的钱财、名声、孩子的抚养等问题，克里托，这些想法实际上属于民众，他们轻率地把人判处死刑，也随意免去人的死罪，只要办得到他们就干，并不深入思考，这是大多数人的想法。然而，对我们来说，由于我们的论证已经引导我们进到这一步，如我们刚才所说，唯一有效的思考是，【d】向那些愿意把我带出此地的人付钱，向他们表示感谢，我们自己也为逃跑提供帮助，这样的行为正当吗？或者说我们做这些事情全都错了。如果看到我们的行动是不正当的，那就根本不需要考虑如果留在这里、静坐不动，是否必死、是否必定受其他罪的问题。

克　我认为你说得很好，苏格拉底，但我们还是要考虑一下该做些什么。

苏　【e】让我们一起来考察这个问题，我亲爱的朋友，如果你在我说话的时候能够提出反对意见，那就请你随时提出，我会注意听的，但若你没有反对意见，我亲爱的克里托，那就请你停止，不要再重复说我必须违反雅典人的意愿离开这里。我认为，在我行动之前说服你是重要的，【49】而不是违反你的愿望去行动。现在来看，我们考察的起点是否得到了恰当的说明，请用你认为最好的方式尝试回答我的问题。

克　我试试看吧。

苏　我们不是说过，人一定不会以任何方式自愿作恶，或者说人作恶必定会以一种方式、而不以另一种方式？作恶绝不可能是善良的或可敬的，【b】这是我们过去一致的看法，或者说在过去的几天里，我们所有这些一致的看法都已荡然无存？我们这把年纪的人竟然没能注意到，在多年严肃的讨论中，我们其实与儿童无异？尤其是，事实真相就是我们曾经说过的那样，而无论大众是否同意，我们是否还要继续承受比现在还要糟糕的事情？或者换一种比较温和的说法，对作恶者来说，作恶或行不义在任何情况下都是有害的和可耻的？我们是不是这样说的？

克　是的。

苏　所以，人一定不能作恶。

克　当然不能。

苏　由于人一定不能作恶，所以在受到虐待时，人一定不能像大多数人所相信的那样，以恶报恶。

克　【c】好像是这样的。

苏　现在请你告诉我，克里托，人应不应当虐待他人？

克　一定不能。

苏　那么好，如果一个人受到虐待，那么他像大多数人所说的那样以恶报恶，这样做对吗？

克　这样做绝不可能是对的。

苏　虐待他人与作恶没有什么区别。

克　你说得对。

苏　无论受到什么样的虐待，【d】人绝对不可以恶报恶，不可虐待任何人。克里托，我知道你不会同意这一点，它与你的信念是对立的。我知道，只有很少人是这样想的，或者坚持这种看法，坚持这种看法的人与反对这种看法的人缺乏共同基础，他们不可避免地会藐视对方的观点。所以，请你仔细考虑，你我对这种观点的态度是否相同，你是否同意让这种观点——作恶和以恶报恶是不对的，以虐待对虐待也是不对的——成为我们交谈的基础。或者说，你不同意这种观点，【e】不愿以这种观点作为我们讨论的基础？我长期坚持这种观点，现在仍然这样看，你若有别样想法，现在就告诉我。当然了，你要是认同我们前面的意见，那就请听下一个要点。

克　我认同前面的意见，赞同你的看法。请你说下去。

苏　那我就来说下一个要点，或者倒不如让我来问你：一个人与他人达成了公正的协议，他应当履行还是违反？

克　应当履行。

苏　我们来看从中可以推出什么结论：如果我们离开这里而无城邦的允许，【50】我们是否虐待了我们最不应当虐待的人？我们是否应当履行一项公正的协议？

克　我不能回答你的问题，苏格拉底。我不知道。

苏　请你这样想。假定我们正计划逃离此地，或者不管人们怎么叫它，法律和国家会前来向我们提问："告诉我，苏格拉底，你打算做什么？你打算用这样的行动来摧毁我们吗【b】——法律、整个城邦、与你有关的一切？如果法庭的宣判没有效力，是废纸一张，可以被个人所废除，这样的城邦能不毁灭吗？"对这个问题和其他相同的论证，我们该如何回答？还有许多话可说，尤其是代表正在被我们摧毁的法律的演说家会说，法庭的宣判应当坚决执行。【c】而我们回答说："城邦虐待我，它的决定不对。"我们应当这样说，还是该另外说些什么？

克　是的，宙斯在上，苏格拉底，这是我们的回答。

苏　如果法律说，"这不正是我们之间的协议吗，苏格拉底，或者说，你要遵守城邦的判决"，那我们该怎么说。如果我们对这样的用语表示惊讶，它们也许会说，"苏格拉底，别在意我们说了些什么，你只需要回答我们的问题，【d】因为你习惯于通过问与答来进行讨论。来吧，你现在对我们和这个城邦提出了什么指控，想以此来摧毁我们？我们难道没有首先赋予你生命，因为正是通过我们，你的父母才结了婚，生下了你？你说话，你对我们这些涉及婚姻的法律有什么要批评的吗？"我会说，我没什么要批评的。"你对涉及儿童抚养和你也接受过的教育的法律有什么要批评的吗？【e】与此相关的那些法律没能正确指导你的父亲对你进行艺术和身体方面的教育吗？"我会说，这些法律是正确的。"很好，"它们会继续说，"在你出生、长大成人、接受教育以后，你能否认，你和你的前辈首先都是我们的产物和仆人吗？如果是这样的话，你认为我们之间权力平等吗，无论我们对你怎么做，你也可以正当地对我们怎么做？【51】你并不拥有与你父亲同样的权力，你也不拥有与你的主人同样的权力，假定你有主人，所以无论他们对你做了什么，你都不能进行报复，他们责备你，你不能回嘴，他们鞭打你，你不能还手，其他许多事情也一样。你认为自己有权报复你的国家和法律吗？如果我们想要毁掉你，并且认为这样做是对的，你就可以反过来尽力毁掉我们，借此进行报复吗？如此在意德性的你，会声称自己有权这样做吗？你的智慧竟然不明白，你的国家比你的母亲、父亲、所有前辈更加值得荣耀、【b】更加可敬、更加神圣，它在众神和聪明人中间拥有更大的荣耀，所以你必须崇拜它、顺从它、在它愤怒时安抚它，甚于对你愤怒时的父亲？你必须说服它，或者服从它的命令，安静地忍受它要你忍受的事情，无论是鞭打还是囚禁，如果它让你去参战，你会受伤或战死，但你必须服从。这样做是正确的，人一定不能放弃、后撤、逃离岗位，无论是战场还是法庭，或者是在任何地方，【c】人必须服从他的城邦和国家的命令，或者按照正义的本性去说服它们。对你的父母施暴是不虔敬的；对你的国家施暴就更是极端地不虔敬了。"对此我们该如何回答，克里托，法律说的是不是真话？

克　我认为它们说的是真话。

苏　"现在请你想一想，苏格拉底"，法律可能会说，"如果我们说得对，那么你现在打算要做的事情没有公正地对待我们。我们给了你出生，抚养你长大，教育你；【d】我们给了你和其他所有同胞公民一份我们能够办到的好处。即便如此，任何一位雅典人，只要到了投票的年纪，已经观察了城邦的事务和我们这些法律，我们仍旧公开宣布会给他们这样的机会，如果他对我们不满，我们允许他带着他的财产去他喜欢去的地方。我们这些法律都不会加以阻拦，如果他对我们或对城邦不满，【e】如果你们中的某一位想去殖民城邦生活，或者想去其他任何地方，他都可以保留他的财产。然而，我们说了，你们这些留下来的人，不管是谁，当他看到我们如何进行审判、如何以其他方式管理城邦的时候，实际上也就与我们达成了一项协议，要服从我们的指导。我们说，这个不服从的人犯了三重罪过：首先，我们是他的父母，他不服从我们就是不服从父母；其次，我们把他抚养成人，而他不服从我们；再次，【52】尽管有协议，但他既没有服从我们，又没有在我们犯了错的时候尽力说服我们，让我们做得比较好。然而，我们只是提建议，不会下达野蛮的命令；我们提供两种选择，要么说服我们，要么按我们说的去做。但他实际上两样都没做。我们要说的是，苏格拉底，你也一样，如果你做了你们心里想做的事，那么这些指控就是针对你的；你不再是最不应该受惩罚的雅典人，而是罪行最严重的雅典人。"如果我说，"为什么会这样"，那么它们无疑有充分的理由责骂我，说我就是那些与它们最明确地订有协议的雅典人。【b】它们会这样说："苏格拉底，我们有重要的证据表明你对我们和这个国家是友善的。如果这个城邦没有让你格外地喜悦，你就不会一直在这里居住，在所有雅典人中，你在这方面是最突出的。你从来没有离开过这个城邦，哪怕是去参加节庆，或是为了其他什么理由，只有执行军务除外；你从来没有像其他人那样去其他城邦居住；【c】你没有了解其他城邦或其他法律的愿望；我们和我们的城邦让你感到满意。所以，你确凿无疑地选择了我们，同意做一名在我们治下的公民。还有，你在这个城邦生儿育女，这就表明你对这个城邦是友善的。在你受审的时候，如果你愿意，你可以提议判你流放，而你现在打算做的事情违背了城邦的愿望，因为你当时就可以在城邦同意的情况下做到你现在想做的事。你当时非常自豪，对判你死刑一点儿也不生气，而且说过宁可死也不愿被放逐。然而，这些话并没有让你感到羞耻，【d】你不尊重我们法律，你打算摧毁我们，你的行为就像最下贱的想要逃跑的奴才，你违反了你先前的承诺和与我们达成的协议，在我们治下做一位公民。现在请你先回答我们这个问题，当我们说你同意要按照法律来生活，不仅在言语上，而且在行动中与我们保持一致的时候，我们说的是真话吗？"对此我们该怎么说，克里托？我们必须否认吗？

克 我们必须同意，苏格拉底。

苏 "确实"，它们会说，"你正在违反承诺，【e】破坏你当初在没有压力和欺骗的情况下与我们签订的协议，你和我们签订协议时有足够的时间思考。如果你不喜欢我们，【53】如果你感到我们之间的协议不公平，那么你已经有七十年的时间可以离开。你没有选择去拉栖代蒙①或克里特②，你总是说那里治理得很好，也没有选择去其他城邦，希腊人的或外国人的。你比瘸子、瞎子或其他残疾人更少离开雅典。很清楚，这座城邦对你格外友善，超过对其他雅典人，我们法律也一样，若是没有法律，哪个城邦会喜悦？而现在，你不想遵守我们之间的协议了吗？你不想遵守了，苏格拉底，如果我们能说服你，你可别因为离开这个城邦而让你自己成为笑柄。请你想一想，违反我们之间的协议，犯下这种过错，对你或你的朋友有什么好处。很明显，【b】你的朋友们会面临流放、剥夺公民权、没收财产的危险。至于你本人，如果你去了邻近的城邦——治理良好的底比斯③或麦加拉④——你会成为它们的政府的敌人；所有那些关心他们城邦的人都会用怀疑的眼光看你，把你当作法律的摧毁者。【c】你也会增强审判官们的信心，坚信他们给你判刑是正确的，因为任何摧毁法律的人很容易被认为是在毒害年轻人和无知者。或者说，你会避开那些治理良好的城邦、举止文明的人士？如果你这样做了，那么你的生活还值得过吗？你还会与他们交往和谈话而不以为耻吗？你有什么要对他们说的？像你在这里说的一样，对他们说德性和正

---

① 拉栖代蒙（Λἃκεδαίμων），斯巴达的别名。
② 克里特（Κρήτη），岛名。
③ 底比斯（Θῆβαι），城邦名，常译为"迪拜"。
④ 麦加拉（Μέγαρὰ），城邦名。

义是人最宝贵的财富、【d】行动要合法，要遵守法律吗？你们认为苏格拉底这样做体面吗？有人肯定会认为不体面。或者说，你会离开那些地方，去帖撒利投靠克里托的朋友？你在那里会发现极大的自由和混乱无序，那里的人无疑会乐意听你讲自己如何荒唐地化装逃跑，如何披上羊皮袄，或者穿上其他逃跑者常用的行头，以此改变形象。那里难道不会有人说，你这个人，活不了多久了，【e】竟会如此贪生怕死，乃至于违反最重要的法律？也许没人会这样说，苏格拉底，如果你不得罪人；如果你得罪人了，许多难听话就够你受的。你会活着，做所有人的奴仆，听从他们的召唤。你在帖撒利能做的事情不就是混饭吃吗，就好像你去帖撒利是为了赴宴？至于你那些关于正义【54】以及其他德性的谈话，它们在哪里？你说你想活下去是为了儿子，你想把他们抚养成人，教育他们。怎么会呢？你想把他们带去帖撒利，在那里把他们带大，教育他们，使他们成为外邦人，让他们也能过上幸福生活，是吗？如果你不想带他们去，那么他们最好还是在这里长大成人，受教育，而你虽然还活着，但不在这里，是吗？是的，你的朋友会照顾他们。你去了帖撒利生活，他们会照顾你的儿子，如果你去了冥府，他们就不照顾你的儿子吗？只要那些自称是你的朋友的人名副其实，【b】必须假定他们会照料你的儿子。听我们的劝吧，苏格拉底，是我们把你抚养大的。不要把你的子女、你的生命或其他东西的价值视为高于善的价值，为的是，当你抵达冥府时，你可以面对那里的统治者说出这些话来为自己辩白。如果你做了这件事，你在这里不会觉得事情变好了、比较公正了、比较有价值了，你的任何一位朋友也不会这么看，而当你抵达彼岸的时候，事情对你来说也不会变得较好。没错，你就要离开此地了，如果你走了，那么在此之前虐待你的不是我们法律，而是人；【c】如果你可耻地以恶报恶、以虐待对虐待，违反我们之间订立的协议，不履行自己的承诺，那么在你虐待了你最不应该虐待的人以后——你自己、你的朋友、你的国家，还有我们——我们会在你还活着的时候对你表示愤怒，我们的兄弟、冥府里的法律也不会热情欢迎你，因为它们知道你试图尽力摧毁我们。别让克里托把你说服了，【d】去做他说的那件事，你还是听我们的吧。"

　　克里托，亲爱的朋友，我向你保证，我仿佛真的听到了这些话，就好像科里班忒们[①]听到了神笛的声音，这些话的回音在我心中萦绕，使我不可能听到其他任何声音。我的信念至此都已经说了，如果你要反对我的这些信念，那么你是徒劳的。然而，如果你认为自己还能说些有用的事情，那么请讲。

　　克　我无话可说，苏格拉底。

　　苏　那就这样吧，克里托，让我们按照这种方式行事，【e】因为这是神为我们指引的道路。

[①]　科里班忒（Κορυβαντιῶντες），众神之母库柏勒的祭司，有多位，施行秘仪时狂歌乱舞，并用长矛相互碰撞，在疯狂中自伤。

斐 多 篇

提 要

本篇以谈话人斐多的名字命名。公元 1 世纪的塞拉绪罗在编定柏拉图作品篇目时，将本篇列为第一组四联剧的第四篇，并称本篇的性质是"伦理的"，称本篇的主题是"论灵魂"。① 本篇对话篇幅较长，译成中文约 5 万 1 千字。

本篇的直接谈话人是苏格拉底的门生斐多和佛利的厄刻克拉底。苏格拉底在受刑之日与前来看望他的门生同道一起讨论灵魂，最后喝毒药而死。在场的斐多后来返回佛利，向崇拜苏格拉底的厄刻克拉底转述那一天讨论的详细内容和苏格拉底临终就义的情节。柏拉图试图把对话写成苏格拉底面临死亡时发表谈话的精确记载，为此提出了一份在场者的完整名单。（59b）

与苏格拉底在狱中交谈的主要人物是两位来自底比斯的青年，西米亚斯和克贝，他们属于毕泰戈拉学派，由他们讲述的观点较多地代表毕泰戈拉学派。苏格拉底首先陈述了他的主要论点：尽管哲学家把自杀视为犯罪，但真正的哲学家是视死如归的人。（60b—70b）然后，各种赞成灵魂不朽的论据逐步提出：（1）人死后灵魂并不是简单地被湮没，而是继续成为某种东西，灵魂在与肉体结合之前是有理智的（70c—78b）；（2）灵魂是单一的事物，不可分解，永远与自身保持一致（78b—84b）；（3）从"型相"推论灵魂不朽，灵魂赋予肉体生命，灵魂不接纳死亡，

---

① 参阅第欧根尼·拉尔修：《名哲言行录》3：58。

因此灵魂不朽（102a—107b）。关于灵魂的讨论最后导出道德上的教训：信仰灵魂不朽是合理的，它使人知道前面有一个无止境的未来，关心灵魂符合人的长远利益，道德上的善恶选择具有令人敬畏的意义。

讨论进行了一整天，苏格拉底在喝下毒药之前讲述了希腊神话中亡灵奔赴冥府的情景。苏格拉底对这些有关末世的情节持谨慎态度，但他认为这些情景与真相必有某些相似之处。

正　文

谈话人：厄刻克拉底、斐多

厄　【57】斐多，苏格拉底在狱中喝下毒药的那一天，你和他本人在一起，还是别人告诉你这件事？

斐　我本人在场，厄刻克拉底。

厄　他死前说了些什么？他是怎么死的？我很想知道这些事。这些日子从佛利①去雅典的人不多，【b】好长时间也没人从雅典来，能清楚地告诉我们发生了什么事，只知道他喝毒药而死，没有其他细节了。

斐　【58】你们连他怎样受审都没听说过吗？

厄　有人对我们讲过，所以我们感到奇怪，因为审判以后隔了很长时间才执行。为什么会这样，斐多？

斐　那是一种偶然，厄刻克拉底。审判他的前一天，雅典人派往德洛斯的那条船刚在船头上挂上花环。

厄　那是一条什么船？

斐　雅典人说，忒修斯②曾经乘这条船去克里特，带了七对童男童女做供品。他救了他们的命，【b】自己也得救了。传说当时雅典人对阿

---

①　佛利（Φλιους），伯罗奔尼撒半岛的一个小镇。

②　忒修斯（Θησεύς），希腊英雄。传说克里特国王米诺斯强迫雅典人供献童男童女给半人半牛的怪物弥诺陶吞食。忒修斯自愿去克里特，杀死怪物，返回雅典后修建雅典城，继任国王。

波罗发誓，如果这些人能活着回来，他们会派使团去德洛斯朝觐。从那以后，他们每年都派使团去见这位神。他们立法，使城邦在朝觐期间保持洁净，从朝觐船起航、抵达德洛斯并返回雅典，这段时间不能处死任何罪犯，如果风向不对，【c】朝觐船有时要花很长时间才能回来。阿波罗的祭司在朝觐船首挂上花环，朝觐的使命就算开始了，而我说过，这是苏格拉底受审的前一天。由于这个原因，苏格拉底从受审到处决，在狱中待了很长时间。

　　厄　他死时的实际情况如何，斐多？他说了些什么？做了些什么？有哪些朋友和他在一起？或者说，看守不让他们进去，所以他死的时候没有朋友在场？

　　斐　【d】不，不是这样的。有一些朋友在场，实际上，人还不少。

　　厄　请你仁慈地把详细情况都告诉我们，除非你有急事。

　　斐　我有时间，我会尝试着把整件事情都告诉你，回忆苏格拉底给我带来的快乐是其他任何事情都无法相比的，无论是我自己讲还是听别人讲。

　　厄　那太好了，斐多，你会发现你的听众也会有同样的感觉。所以现在就把所有细节尽可能准确地告诉我们吧。

　　斐　我确实发现在那里有一种非常奇特的体验。【e】尽管我在见证我的这位朋友的死亡，但我竟然没有感到遗憾，这个人当时的行为和言语都显得很快乐，高尚地去死而无丝毫恐惧，厄刻克拉底，此事让我感到震撼，【59】哪怕是去冥府，他也有众神的保佑，会平安到达那里，若真有人去过。这是我没有感到遗憾的原因，而在这种时候，感到悲伤很自然，不过我也没有体会到我们在惯常的哲学讨论中会有的快乐——我们当时的论证属于这种讨论——我的感觉非常奇特，想到他就要死去，快乐与痛苦的感觉就奇异地交织在一起。我们这些在场的人全都这样，时而欢笑，时而哭泣；我们中有个人尤其如此，他是阿波罗多洛①，你认识这个人，也知道他的德行。

———————

① 阿波罗多洛，苏格拉底的朋友，也在《申辩篇》中出现。

厄　【b】我当然认识。

斐　他几乎控制不住，我和其他人也很激动。

厄　谁很激动，斐多，有哪些人在场?

斐　本地人有阿波罗多洛，我已经提到过他了，克里托布卢和他的父亲①，还有赫谟根尼②、厄庇革涅③、埃斯基涅④、安提斯泰尼⑤。还有培阿尼亚的克特西普⑥、美涅克塞努⑦和其他一些人。我想，柏拉图当时病了。

厄　有外邦人在场吗?

斐　【c】有，底比斯的西米亚斯⑧、克贝⑨和斐冬得斯⑩，还有来自麦加拉的欧几里德⑪和忒尔西翁⑫。

厄　阿里斯提波⑬和克莱俄布洛图⑭呢? 他们在那里吗?

斐　不在。据说他们在伊齐那。⑮

---

① 克里托布卢的父亲是克里托，也在《申辩篇》中出现，《克里托篇》以他的名字命名。

② 赫谟根尼（Ἑρμογένης），《克拉底鲁篇》的谈话人之一。

③ 厄庇革涅，也在《申辩篇》中出现。

④ 埃斯基涅，也在《申辩篇》中出现。

⑤ 安提斯泰尼（Ἀντισθένης），雅典人。

⑥ 克特西普（Κτήσιππος），帕安（Παιᾶν）人，也在《吕西斯篇》、《欧绪德谟篇》出现。

⑦ 美涅克塞努（Μενέξεινος），也在《吕西斯篇》中出现，《美涅克塞努篇》以他的名字命名。

⑧ 西米亚斯，也在《克里托篇》中出现。

⑨ 克贝，也在《克里托篇》中出现。

⑩ 斐冬得斯（Φαιδώνδης），来自底比斯。

⑪ 欧几里德（Εὐκλείδης），《泰阿泰德篇》的谈话人。

⑫ 忒尔西翁（Τερψίων），《泰阿泰德篇》的谈话人。

⑬ 阿里斯提波（Ἀρίστιππος），昔勒尼学派哲学家。

⑭ 克莱俄布洛图（Κλέομβροτος）。

⑮ 伊齐那（Αἴγίνη），地名。

厄　还有别人吗?

斐　我想大概就是这些人了。

厄　那么好吧，你们是怎么谈话的呢?

斐　我试着从头开始，把一切都告诉你。【d】前些日子，我们这些人经常去探访苏格拉底。天亮前我们先在举行那场审判的法庭边上集合，那里离监狱很近，监狱开门时间不会很早，我们每天都先在那里等候，说着话，直到监狱开门。等门开了，我们就进去看望苏格拉底，在那里和他一待就是一天。【e】那一天，我们聚集得很早，因为我们在前一天晚上离开监狱时听说从德洛斯返回的那条船已经到了，所以我们相约第二天尽早在老地方碰头。我们到了以后，看守没有像平常那样开门让我们进去，而是走出来让我们等着，直到他来通知我们。他说："十一人①正在给苏格拉底松绑，告诉他今天就要处决。"【60】过了一会儿，看守回来让我们进去。我们走到里面，看见刚卸去镣铐的苏格拉底，克珊西帕②——你们知道她——坐在苏格拉底身边，怀里抱着他们的小儿子。克珊西帕一看见我们就哭了起来，说女人在这种情况下一般会说的话，"苏格拉底，这是你最后一次跟你的朋友说话了!"苏格拉底看着克里托。他说："克里托，找人把她送回家。"克里托的一些随从把她带走了，【b】她哭得死去活来。

苏格拉底坐在床上，盘着腿用手按摩双脚，边按边说："被人们称作快乐的这件事情真是太奇怪了，快乐与它所谓的对立面，亦即痛苦，不可思议地联系在一起，关系极为密切! 人不能同时拥有它们，但若追求其中之一，并且抓住了它，也几乎总能抓住另一个，就好像两个身子共用一个脑袋。我想，【c】假如伊索③注意到这一点，那么他会写一个寓言，说神希望它们之间的对立得到和解，但又做不到，于是就把它们的头捆在一起，这样一来，人无论抓住哪一个，另一个也会跟着出现。

---

① "十一人"（ἐνδεκα），参阅《申辩篇》37c 注。

② 克珊西帕（Χανθίππη），苏格拉底之妻。

③ 伊索（Αἴσωπος），寓言作家。

我现在似乎就是这种情况。长时间捆绑使我的腿很疼，但是现在快乐跟着来了。"

克贝插话说："对，宙斯在上，苏格拉底，你很好地提醒了我。厄文努斯①前天问我，【d】此前也有其他人问，什么事情在诱使以前从来不写诗的你在进了监狱以后写起诗来，把伊索寓言写成韵文，创作了一首阿波罗颂。如果你有什么考虑，请你告诉我，厄文努斯肯定还会问我这个问题，我该怎么回答他。"

对他说实话，克贝，苏格拉底说，我写诗不是为了去和他的诗竞争，因为我知道这不是一件容易的事，【e】而是为了发现某些梦的意义来满足我的良心，我在梦中经常得到告诫，要我实践这种技艺。我的梦是这个样子的：同样的梦，过去经常做，它们形式不一样，但老在说同样的事。它说："苏格拉底，创作和练习这些技艺②吧。"我过去想，这是在给我指点和建议，要我去做我正在做的事，【61】就好像在运动场上鼓励运动员赛跑，这个梦也是在鼓励我做我正在做的事，亦即实践哲学这门技艺，哲学是最高的技艺，我正在做哲学。但是现在，在我受审以后，这位神③的节日让我的死刑不能马上执行，我以为我的梦吩咐我去练习这种通俗的技艺，所以我一定不能违背它的意愿，应当写诗。【b】我想，我不应当离开这里，而要顺从那个梦，通过写诗来满足我的良心，这样做比较安全。所以我首先写了颂诗来荣耀这位神，当前的节日就是属于他的。在那以后，我意识到，一名诗人如果真是诗人，他必须创作寓言，而不是创造论证。由于我本人不是寓言的讲述者，所以我就采用我知道的和手头能找到的故事，伊索寓言，信手将我读到的一些故事写成了诗歌。克贝，把这些情况告诉厄文努斯，我祝他万事如意，让他来跟我道别，告诉他，要是他足够聪明，【c】尽力来跟随我。我好像今天就要走了，雅典人下了命令。

---

① 厄文努斯，诗人，在《申辩篇》（20a，c）中出现。

② 此处原文是 μουσική（音乐），该词指缪斯女神掌握的各种技艺，包括写诗。

③ 指阿波罗神。

西米亚斯说："你给厄文努斯的建议是什么样的，苏格拉底？我碰见他好多回，据我的观察，他根本不情愿接受你的建议。"

怎么会这样呢，他说，厄文努斯不是一名哲学家吗？

我想是的，西米亚斯说。

那么厄文努斯会情愿的，就像其他每一个分有哲学价值的人。不过，他也许不会拿走他自己的命，因为他们说这样做是不对的。【d】说这些话的时候，苏格拉底把脚踩到地上，在此后的讨论中一直保持着这样的姿势。

然后克贝问："你这样说是什么意思，苏格拉底，对自己施暴是不对的，是哲学家就会愿意追随一个就要去死的人吗？"

得了吧，克贝，你和西米亚斯一直陪伴菲罗劳斯①，就没听说过这些事吗？

没听说什么确定的，苏格拉底。

确实，我也是道听途说，但我不在意把我听说的事情都告诉你，因为对一个行将离世的人来说，【e】讲述和考察我们相信的有关这一旅程的故事也许是最合适的。日落之前，我们还能做什么事？

不管原因是什么，苏格拉底，人们总说自杀是不对的，是吗？至于你现在的问题，我以前待在底比斯的时候听菲罗劳斯说过，也听别人说过，但我从来没有听人清楚地解释过这件事。

【62】他说，好吧，我们必须尽力而为，这样你也许就能听到一种解释了。如果这件事，像其他所有事情一样，是非常简单的，你也许会感到震惊，这件事就是，在某些时候，对某些人来说，生不如死。如果事情是这样的，那么你会惊讶地发现，那些死对他们来说比较好的人错误地帮助了他们自己，他们必须等待别人来帮他们的忙。

克贝不知不觉地说起他自己的方言来②，他微笑着说："宙斯知道怎么回事。"

---

① 菲罗劳斯（Φιλόλαος），毕泰戈拉学派的主要哲学家。

② 克贝来自底比斯。

【b】确实，苏格拉底说，以这种方式来讲述似乎不大合理，但也许还真有几分道理。有一种解释是用秘仪的语言说出来的，我们人就像是某种囚犯，一定不能解放自己，也不能逃跑。这在我看来是一种给人深刻印象的教义，很难完全理解。不过，克贝，我认为它说得很好，众神是我们的看护者，人是它们的一样所有物。你不这样想吗？

我这样想，克贝说。

那么，要是你的一样所有物自杀了，【c】在你没有向他发出任何你希望它死的信号之前，你不生气吗，如果你有办法惩罚它，你会惩罚它吗？

当然会，他说。

那么好，让我们这样说，在神指示必须这样做之前，人一定不能杀了他自己，这样做也许并非不合理，就像我们现在面对的情况一样。

【d】好像是这样的，克贝说。至于你说哲学家情愿死，准备去死，这样说似乎很奇怪，苏格拉底，如果我们刚才的说法是合理的，也就是说，神是我们的保护者，我们是它的所有物。人类中最聪明的人，如果说他们没有了这种服务而不感到生气，那是不合理的，他们是由最好的主人——众神——统治的，因为一个聪明人无法相信，在他获得自由以后，他会更好地照顾他自己。愚蠢的人也许很容易这样想，【e】以为必须逃离他的主人；他不会想到，人一定不能逃离好主人，而应当尽可能长时间地与好主人待在一起，逃跑是很愚蠢的。聪明人总是想要和比他优秀的人待在一起。所以，苏格拉底，与我们前面所说的观点相反的说法像是真的，聪明的人对死感到愤怒，而愚蠢的人对死感到快乐。

我想，听了这番话，苏格拉底被克贝的论证逗乐了。【63】他环顾四周，说："克贝总是在进行某种论证，他肯定不愿被人轻易说服。"

西米亚斯说："说实话，苏格拉底，我本人认为克贝提出了一个要点。真正的聪明人为什么要回避比他自己好的主人的服务，轻率地离开他们呢？我想克贝的论证是针对你的，因为你正在轻率地离开我们，也正在离开那些好主人，如你本人所说，众神。"

【b】你们俩说得都很有道理，我想你的意思是我必须针对这种意见提出抗辩，就好像我在法庭上。

你必须这样做，西米亚斯说。

那么好吧，他说，让我试着对你们提出抗辩，让它比我对审判团作的抗辩更有说服力。因为，西米亚斯和克贝，如果我并不相信自己首先应当去找其他聪明善良的神灵，然后去找那些虽然已经死了，但比现今仍旧活在世上的人更好的人，那么我对死亡不感到愤怒就是错的。【c】可以肯定，我确实期待与好人为伴。我不会完全坚持这一点，但我若是坚持这些事情中的任何事情，那么我要说的是我将要去神那里，它们是非常好的主人。这就是我不愤怒的原因，因为我抱有美好的希望，有某种未来在等着死亡以后的人，就像我们多年来一直被告知的那样，这个美好的未来是为好人准备的，而不是为恶人准备的。

好吧，苏格拉底，西米亚斯说，在你离开我们的时候，你打算把这种信念留给你自己，【d】还是拿来与我们分享？我肯定认为这也是对我们的一种赐福，与此同时，这也是你的抗辩，如果你所说的能让我们信服。

他说，我试试看，但是让我们先来看克里托有什么要说的，他好像等了有一会儿了。

克里托说，只有一件事，那个会把毒药拿来给你的人对我说，要我告诫你尽量少说话。他说，人说话的时候会全身发热，【e】而吃药的时候身体不能发热，否则的话还得喝第二次或第三次。

苏格拉底答道："别理他，让他去准备，需要喝两次就喝两次，需要喝三次就喝三次。"

克里托说，我知道你会这样说，但是他烦了我很长时间了。

他说，随他便。我想要在你们面前提出我的论证，我的审判官，说明为什么我认为一个把一生真正贡献给哲学的人在面对死亡时感到欢乐可能是对的，【64】他充满希望，认为自己死后能在那边获得最大的幸福。西米亚斯和克贝，我要试着告诉你们，这种事如何可能。我有点担心，其他人可能无法理解，那些以正确的方式实践哲学的人实际上就是正在死，在练习死亡。如果这是真的，那么终生都在期待死亡的他们，在他们渴望和期盼的事情真的到来时愤怒，那就确实太奇怪了。

西米亚斯笑了，他说："宙斯在上，苏格拉底，你让我发笑，【b】尽管现在我没有笑的心情。我想，大多数人在听了你的话以后，会认为你把哲学家刻画得很好，我们底比斯人会完全同意，哲学家是近死之人，大多数人都很明白，他们命该如此。"

他们说的应该是真话，西米亚斯，除了你说他们明白。他们不明白真正的哲学家在什么意义上是近死之人，也不明白他们在什么意义上命该如此，【c】他们应该得到什么样的死亡。但是，别在意他们的想法，就在我们之间谈论。我们相信有死亡这回事吗？

西米亚斯说，当然有。

死亡不就是灵魂与肉体的分离吗？我们相信，死亡无非就是肉体本身与灵魂分离开来、灵魂本身与肉体分离开来，是吗？除此之外，死亡还能是别的什么吗？

没有了，死亡就是这么回事，他说。

那么想一想，我的大好人，看你是否分享我的看法，【d】因为这样做会引导我们对我们正在考察的事情有较好的知识。你认为哲学家的这个部分①是否应当关心所谓的快乐，比如饮食之乐？

绝不应当。

性事之乐呢？

一点儿都不应当关心。

与身体的其他需要有关的快乐呢？你认为这样的人②会看重这些需要吗，我指的是漂亮的衣裳和鞋子，以及其他身体的装饰品？【e】你认为哲学家会看重这些东西还是轻视这些东西，除了那些离了它们就活不下去的东西。

我想真正的哲学家会轻视它们。

他说，你不认为，总的说来，人要关注的不是身体，而应当尽可能

---

① 指灵魂。

② 指哲学家。

背离身体，转向灵魂吗？

我认为人要关注的是灵魂。

【65】所以，首先，这些事情清楚地表明，哲学家比其他人更应当尽可能地切断他的灵魂与肉体的联系，对吗？

显然如此。

在这样的事情中找不到快乐或者与这些事无关的人，会被大多数人认为不配活着，与死差不多；这就是那个不关注身体快乐的人。

你所说的肯定对。

那么，知识的获取是什么样的？人在寻求知识的时候，如果与身体相连，身体会成为障碍吗？我的意思是，【b】举例来说，人在看或听的时候能否发现任何真理，甚至连诗人也曾告诉我们，我们实际上没有看到或听到任何东西，如果身体的这两种官能也是不清楚或不精确的，我们其他的官能就更不可能精确了，因为它们比视觉和听觉差。你不这样认为吗？

我当然这样认为，他说。

他问道，那么灵魂什么时候获得真理？每当它与身体一道试图考察事物，它显然受到欺骗。

【c】对。

假如在任何地方，任何在者①对灵魂变得清楚了，这不就是推理吗？

是的。

确实，灵魂在没有这些感官给它添麻烦的时候可以最好地进行推理，既没有听觉，又没有视觉，既没有痛苦，又没有快乐，在它探寻在者的时候，它处于最独立的状态下，离开肉体，尽可能不与肉体有任何接触或联系。

是这样的。

---

① 在者（ὄν），亦译为"存在""实在""真在""实体"。许多英译者将 ὄν 视为 οὐσία 的同义词，译为 essence 或 reality。

【d】所以哲学家的灵魂最藐视肉体，想要逃离肉体，寻求独立。

显然如此。

下面这些问题怎么样，西米亚斯？我们说没说过有正义本身这样的东西？

我们确实这样说过，宙斯在上。

有美这样的东西吗，有善吗？

当然有。

你曾用你的眼睛看到过这些东西吗？

肯定没有。

或者说你曾经用你身体的某种感官把握过它们吗？我指的是所有像大、健康、力量这样的事物，简言之，所有其他事物的本体①，亦即它们各自根本上所存在的那个在者。【e】通过身体来对它们进行沉思是最真实的吗？或者情况是这样的，我们中的任何人准备得最充分，他对他正在考察的事物本身的把握也就最准确，也就最接近关于这个事物的知识？

显然如此。

所以，不将视觉与其思想相连、或不将任何感觉与其推理拉扯到一起、【66】只用思想逼近对象的人，会做得最成功，只用纯粹思想的这个人，凭自身试图追踪每一纯粹的实在，尽可能切断他本身与眼睛、耳朵的联系，简言之，切断与整个身体的联系，因为身体使灵魂混乱，不追随灵魂获取真理和智慧，无论身体是否与灵魂相连。西米亚斯，如果有人这样做了，他的灵魂能抵达实在吗？

你说的确实很对，苏格拉底。

【b】所有这些事情必定会使真正的哲学家相信和相互传说，他们会说："似乎有这样一条道路，沿着它走我们可以摆脱混乱，因为只要我们还拥有身体，我们的灵魂就与这样一种恶融合在一起，我们就决无可

---

① 本体（οὐσία），意为"真实的存在"，英译者将其译为 essence 或 reality，亦译为"本质""实在""实体"等。

能恰当地获得我们想要的东西，亦即被我们确认的真理。身体用成百上千种方式让我们忙碌，因为身体需要营养。还有，【c】如果身体得了某些疾病，这些疾病也会阻碍我们寻求真理。身体使我们充满需要、欲望、恐惧，各种幻觉和诸多胡言乱语，所以，如前所说，我们实际上没有任何思想来自身体。身体和它的欲望只会引发战争、内乱和争斗，因为一切战争都可归因于获取财富的欲望，【d】身体以及对身体的关注奴役了我们，强迫我们去获取财富，所有这些事情让我们忙碌，没有时间去实践哲学。最糟糕的是，一旦我们有了某些闲暇，可以转向某些考察了，身体又会到处出现，产生混乱，带来恐惧，因此身体妨碍我们看见真理。

"我们确实已经看到，如果我们曾经拥有纯粹的知识，【e】那么我们必须摆脱肉体，用独立的灵魂观察事物本身。由此看来，我们似乎只有到了那个时候，在我们死去以后，我们才能获得我们想要的东西，我们声称是这种东西的热爱者，亦即智慧，而不是在我们还活着的时候；如果有身体相伴就不可能获得任何纯粹的知识，那么两样事情中有一样是真的：要么我们绝对不能获得知识，要么我们在死后能获得知识。【67】到了那个时候，而不是在此之前，灵魂是独立的，离开了肉体。当我们还活着的时候，如果我们约束自己，尽可能避免与肉体联系，除非必需不与肉体接触，如果我们不受肉体性质的感染，洗涤我们所受的玷污，直到神亲自来救我们，那么我们可以离知识最近。以这种方式，我们可以逃避愚蠢的肉身，使自己不受污染，我们有可能与志同道合者相伴，通过我们自己的努力，我们将认识一切纯粹的东西，【b】这大概就是真理，因为不纯洁者获得纯洁的东西是不允许的。"

西米亚斯，就是这些事情，一切爱好学习的人都必须以恰当的方式相互传说和相信。你不这样认为吗？

我确实这样认为，苏格拉底。

苏格拉底说，如果这是真的，我的朋友，那么在抵达我要去的那个地方时，不管在哪里，我很有希望获得我们以往全神贯注想要获得的东西，【c】所以，我现在受命就要踏上的旅程充满了美好的希望，对其他人来说也一样，只要他的心灵已经做好准备，已经净化。

确实如此，西米亚斯说。

所谓净化，不就是我们在前不久的论证中提到过的那件事吗？也就是尽可能使灵魂与肉体分离，使之习惯于摆脱肉体的各个部分，聚拢自己，【d】在现在和将来，尽可能独立自存，摆脱肉体的桎梏？

没错，西米亚斯说。

灵魂的自由和与肉体的分离被称作死亡吗？

确实是这样的，他说。

我们说，只有那些以正确的方式实践哲学的人最想要灵魂获得自由，灵魂与肉体的解脱和分离不就是哲学家全神贯注要做的事吗？

好像是这样的。

因此，如我开头所说，如果某人一生都训练自己在尽可能接近死亡的状态中生活，【e】那么死亡到来时他感到愤怒，岂不是很可笑吗？

当然可笑。

他说，事实上，西米亚斯，那些以正确的方式实践哲学的人就是在练习死亡，他们是所有人中最不怕死的。请你这样想：如果他们完全疏远身体，想让他们的灵魂独立，而当这种情况发生时又感到害怕和愤怒，那岂不是非常荒唐吗？如果他们出发前往一个地方，【68】到达那里能获得他们终生期盼的东西，亦即智慧，在那里他们能够摆脱他们疏远了的肉体的呈现，他们能不高兴吗？许多人，在他们的情人、妻子或孩子死去以后，抱着在那里见到与他们为伴的人、与他们待在一起的希望，自愿去了地下世界①。所以，一名真正的智慧爱好者抱有同样的希望，知道自己除了在冥府中不可能发现任何智慧，这样的人难道会在死亡时感到愤怒，不乐意踏上这一旅程吗？我的朋友，【b】如果他是一名真正的哲学家，他必定会这样想，因为他坚定地相信，除了在那里，他在别的地方决不可能发现纯粹的智慧。如果事情是这样的，那么，如我刚才所说，说这种人会怕死是极不合理的。

———————

① 即冥府、地狱。

他说，宙斯在上，确实不合理。

苏格拉底说，所以，你们已经得到充分的说明，你们看到任何人对死生气，【c】都不是智慧的热爱者，而是身体的热爱者，他也是财富和荣誉的热爱者，爱其中之一，或两者都爱。

确实如你所说。

他说，西米亚斯，被我们称作勇敢的品性不就特别属于拥有这种气质的人吗？

对，这一点不容怀疑。

还有，哪怕被大多数人称作节制的这种品性，亦即不对情欲屈膝下跪、蔑视情欲、冷漠而又严谨地对待情欲，【d】这种品性不是只适合那些最蔑视身体、过一种哲学生活的人吗？

必然如此，他说。

如果你愿意考虑一下其他人的勇敢和节制，你会发现他们很奇怪。

奇怪什么，苏格拉底？

你知道他们全都把死亡当作一种大恶？

确实如此，他说。

他们中的勇敢者，在面对死亡的时候，会害怕更大的恶吗？

是这样的。

因此，害怕和恐惧使所有人勇敢，除了哲学家。然而，说通过恐惧和胆怯能使人勇敢是不合理的。

【e】肯定不合理。

他们中的节制者又如何？他们的经验不同吗？有某种可能使他们节制吗？我们说这是不可能的，然而他们这种天真的节制的经验带来了相同的结果：他们害怕他们想要的其他快乐被剥夺，所以他们就约束自己的某些快乐，因为他们被其他的快乐征服了。现在，被快乐所控制就是他们所谓的许可，【69】但实际情况是他们控制某种快乐，因为他们被其他快乐所控制。这就与我们刚才提到的情况相似了，某种许可以某种方式使他们节制。

这样说好像是对的。

我的好西米亚斯，我担心这不是一种获取德性的正确交换，用快乐交换快乐、痛苦交换痛苦、恐惧交换恐惧，【b】就像用大硬币换小硬币一样，但只有一种货币可以拿来交换所有这些东西，这就是智慧。有了智慧，我们才有真正的勇敢、节制、正义，总之一句话，才有真正的德性，而无论快乐与恐惧，以及诸如此类的东西是否呈现。没有智慧，德性之间的相互交换只是德性的虚幻显现；它实际上只适合奴隶，而没有健全的成分或真理，节制、勇敢、正义，【c】实际上是清除了所有这些东西的，智慧本身就是一种清洁或净化。就像那些为我们建立了秘仪的人，他们不是低劣的，而是很久以前就说谜语的人，他们说凡是没有入会和不圣洁的人到达地下世界以后将要躺在泥淖里，而那些入了会的圣洁的人到达那里以后将会与众神住在一起。如那些与秘仪相关的人所说，【d】持杖者① 很多，酒神信徒② 很少。在我看来，后者无非就是那些以正确的方式实践哲学的人。我今生今世不遗余力地做事，为的就是能够置身哲人之列，我一直千方百计地渴望成为这样的人。我的渴望是否正确，我们是否能有什么成效，我想，只要神愿意，在我们到达那边的时候，我们很快就能知道。

这就是我的辩护，西米亚斯和克贝，我好像是对的，【e】离开你们和我在这里的主人，没有愤怒或抱怨，相信在那边，和在这边一样，能够找到好主人和好朋友。如果我的辩白能令你们信服，胜过雅典人的审判团，那就好了。

苏格拉底说完以后，克贝说话了。他说，苏格拉底，【70】其他你都说的很好，只是你有关灵魂的说法很难让人相信。他们认为，灵魂离开肉体以后就不再存在于任何地方，而是在人死的那一天毁灭或溶化，就在离开肉体的那一刻；在离开肉体的时候，它就像气息或烟雾那样散去，飘走了，不再是任何东西，不再存在于任何地方。如果灵魂确实能够聚拢自身，独立自存，逃避你刚才列举的那些罪恶，【b】那么我们会

---

① 持杖者（ναρθηκοφόροι），参加酒神仪式的人手持顶端松果形的木杖。
② 酒神信徒（βάκχοι）。

抱有很多良好的希望，苏格拉底，相信你所说的是真的；但是，要相信这一点需要有坚定的信念和有说服力的论证，相信灵魂在人死后仍旧存在，相信它仍旧拥有某种能力和理智。

你说的是对的，克贝，苏格拉底说，但是我们该做什么？你想要我们讨论这种说法是否正确吗？

我个人乐意听听你对这个问题的想法，克贝说。

苏格拉底说，我不认为有人听了我的谈话会说我喋喋不休，【c】讨论与我无关的问题，哪怕他是一名喜剧诗人，所以，我们必须彻底考察这个问题，如果你认为我们应当这样做。让我们以这样一种方式来开始考察：已经死去的人的灵魂是否存在于地下世界。我们记得有一个古老的传说，讲灵魂离开这边以后到达了那边，然后它们又回到这边，从死中复活。如果这是真的，死者能够复活，那么我们的灵魂必定在那边存在，【d】因为如果它们不存在，它们就不能回来；如果生者确实来自死者，而非来自其他源泉，那就足以证明这些事情是这样的。如果情况并非如此，那么我们还需要另一个论证。

是这样的，克贝说。

苏格拉底说，如果你想更容易理解这一点，那么不要只想到人，而要想到所有动物和植物，【e】简言之，一切有生成的事物，让我们来看它们是否以这样一种方式生成，也就是从它们的对立面中生成，如果它们有对立面，比如美者是丑者的对立面，正义者是非正义者的对立面，以及其他事例。让我们来考察，这些有对立面的事物是否必定从它们的对立面中生成，而非源于其他，比如，某个事物变得较大，它必定是从那先前较小的事物变来的。

是的。

所以，如果某个较小的事物生成了，那么它来自先前较大的事物，【71】是这个较大的事物变得较小了？

是这样的，他说。

弱者从强者生成，快者从慢者生成？

确实如此。

还有，如果某个较坏的事物生成了，那么它不是来自较好的事物吗？较为正义者不是来自较为不义者吗？

当然。

所以我们已经充分确立，一切事物均以相反相成的方式产生？

对。

关于这些对立面，还有一个要点是这样的，【b】每一对相反相成的事物之间有两个过程：从一个到另一个，再从另一个到第一个；在较大者和较小者之间有增加和减少，我们把一个称作增加，把另一个称作减少？

对，他说。

还有分离与结合、冷却与加热，以及所有这样的事物，哪怕我们有时候没有这个过程的名称，但实际上这个过程必定无处不在，事物在相互之间生成，有一个相互变化的过程？

没错，他说。

【c】那么好吧，生有对立面吗？就好比睡是醒的对立面？

当然有。

它是什么？

是死，他说。

因此，如果生与死是对立的，那么它们相互生成，二者之间有两个生成的过程吗？

当然。

苏格拉底说，我来告诉你我刚才谈论的两对事物中的一对，这对事物本身和两个过程，你把另一对告诉我。【d】我要讲的是，睡与醒；醒来源于睡，睡来源于醒。两个过程，一个是去睡觉，另一个是醒过来。你接受这个说法吗，或者不接受？

当然接受。

你来告诉我生与死，以同样的方式。你不是说死是生的对立面吗？

是的。

它们相互生成吗？

对。

从生中生成的是什么？

是死。

从死中生成的是什么？

是生，必须承认。

那么，克贝，活的生灵和事物从死的东西中生成吗？

【e】好像是这样的，他说。

那么我们的灵魂存在于地下世界。

好像是这样的。

在这个事例中，两个变化过程中有一个是清楚的，死相当清楚，不是吗？

确实如此。

那么我们该怎么办？我们不需要提供变化的对立的过程吗？在这个事例中要受责备的是自然吗？或者说我们必须提供另一个与死相对立的过程？

我们必须提供。

这个过程是什么呢？

复活。

【72】因此，他说，如果有复活这回事，那么它必定是一个从死到生的过程。

是这样的。

所以我们之间有了一致的看法：生来自死，就像死来自生，如果是这样的话，那么足以证明死者的灵魂必定存在于某处，从那里它们能够返回。

他说，我想，苏格拉底，从我们达成的一致看法中可以推出这个结论。

以这种方式来考虑，他说，克贝，我认为我们达成一致的看法没有错。【b】如果变化的两个过程并非总是相互平衡，就好像它们在循环往复，而是从一个起点生成，直接地走向对立的终点而没有返回起点或转向，那么你会明白一切事物最终都会处于相同的状态，以同样的方式受到影响，停止变化了？

他说，你这样说是什么意思？

我的意思不难理解。举例来说，如果有一个入睡的过程，但没有一个苏醒的过程与之相应，那你明白，到了最后一切事物都会表明【c】恩底弥翁①的故事是没有意义的。说它没有意义，乃是因为一切事物都和他有着相同的经历，都会入睡。如果万物都结合在一起，没有任何事物是分离的，那么阿那克萨戈拉说的话就是对的了，"一切事物都混合在一起"。以同样的方式，我亲爱的克贝，如果一切有生命的事物逐渐死去，【d】并且保持死的状态不再复活，那么万物最终都是死的，没有活的，是吗？哪怕活的东西可以来自其他源泉，但由于一切活着的东西都在死去，所以一切事物怎么能够避免被死亡吸收呢？"

不能避免，苏格拉底，克贝说，我认为你说的话完全正确。

他说，克贝，我认为这个事例非常明确，我们的一致看法没有错：确实有复活这回事，【e】生者来源于死者，死者的灵魂是存在的。

还有，苏格拉底，克贝又说道，你经常提起的那个理论如果是对的，那么它也是一个例子，我们的学习无非就是一种回忆。按照这种理论，我们必定在某个先前的时间学到了我们现在回忆起来的东西。【73】仅当我们的灵魂在进入人体之前就存在于某处，这才有可能。所以，按照这种理论，灵魂也好像是某种不朽的东西。

克贝，西米亚斯插话说，这种说法有哪些证明？请你提醒，我一下子想不起来了。

有一个很好的论证，克贝说，这就是人们以正确的方式提问，并总能按其意愿提供答案，【b】如果他们内心不拥有这种知识和正确的解释，他们就不能这样做。如果把一个图形或其他类似的东西画给他们看，就

---

① 恩底弥翁（Ἐνδυμίων），希腊神话中的一位俊美的牧羊人，月神塞勒涅爱上了他，宙斯应月神的要求赐他永久睡眠，以葆青春常在。

会最清楚地表明事情就是这样的。①

西米亚斯，苏格拉底说，如果这还不能令你信服，那么让我们来看，如果我们以某种方式来考察这个问题，你是否会同意，因为你怀疑我们所说的学习就是回忆？

西米亚斯说，不是我有什么怀疑，而是我想要体验一下我们正在讨论的这件事情，回忆，听了克贝说的话，我正在回忆，也几乎完全信服了。但不管怎么说，我乐意听你对这个问题的解释，以你打算使用的方式。

【c】你要我用这种方式，苏格拉底说。我们确实同意，如果说某人回忆起什么，那么他必定从前就知道它。

是这样的。

我们不也同意，当知识以这种方式来到心里，它就是回忆吗？我说的方式是什么意思？是这样的：当某人看见或听到，或以别的方式感受一样事物，他不仅知道这个事物，而且也想起另一样事物，他对这样事物的知识与对前一样事物的知识不是相同的，而是不同的，我们说他回忆起来到他心中的第二样事物，这样说不对吗？

【d】你这话是什么意思？

是这样的，知道一个人的知识肯定与知道一把竖琴的知识不同。

当然。

那么好，你知道情人之间会发生什么事：当他们看到一把竖琴、一件衣裳，或他们所爱的人习惯使用的其他物品，他们知道这把竖琴，而拥有这把竖琴的男孩的形象也会来到他们心里。这就是回忆，就好像某个人，一看见西米亚斯，就经常回忆起克贝，其他这样的事情还有成千上万。

确实有成千上万，西米亚斯说。

他说，【e】有一段时间没有看见某些事物，因此已经把它们给忘了，而这个时候又体验到了它，这种事情不是一种回忆吗？

---

① 参阅《美诺篇》81e，那里详细解释了学习就是回忆。

当然是。

还有，他说，一个人看见一张马的画或一张竖琴的画能回忆起一个人来吗，或者说看见一幅西米亚斯的画能回忆起克贝来吗？

肯定能。

或者看见一张西米亚斯的画能想起西米亚斯本人来吗？

他肯定能。

【74】在所有这些事例中，回忆能由与之相同的事物引起，也能由与之不同的事物引起吗？

能。

当回忆由与之相同的事物引起时，人一定会有这样的体验，他会考虑，与回忆起来的事物相比，它在哪些方面有缺陷，或是完全相同，不会吗？

肯定会。

他说，想一想事情是否是这样的：我们说有些事物是相等的。我的意思不是一根木棍与一根木棍相等、一块石头与一块石头相等，或者诸如此类的相等，而是超越所有这些相等的某样东西，即相等本身。我们要说这样东西存在，还是说它不存在？

【b】宙斯在上，西米亚斯说，我们确实要说这样东西存在。

我们知道它是什么吗？

当然知道。

我们什么时候获得关于它的知识？不是从我们刚才提到的那些事物开始的吗？从看见相同的木棍、石头或其他事物开始，我们想到那些与它们不同的东西？或者在你看来它们并没有什么不同？也可以这样看：相等的石头和木棍，在保持相等的时候，对一个人显得像是相等的，而对另一个人显得像是不相等的？

确实如此。

【c】但是，这些相等的事物本身怎么样？它们曾经对你显得像是不相等吗，或者说相等就是不相等？

从来没有过，苏格拉底。

因此，这些相等的事物与相等本身是不同的？

我认为它们一点儿也不同，苏格拉底。

但它确实来自相等的事物，尽管它们与那个"相等"不同，你已经引申和掌握了关于相等的知识？

完全正确，苏格拉底。

它① 与它们② 相似还是不相似？

当然相似。

这倒没什么区别。只要看到一样事物会使你想起另一样事物，无论它们相同还是不相同，【d】都必定是回忆。

是这样的。

那么好，他说，我们体验到这样的事情吗？就像我们刚才讲的相等的木棍和其他相等的东西的事例，它们在我们看来似乎是相等的吗，在相等本身的意义上？它们作为相等者存在有某些缺陷，或者没有？

有很大的缺陷，他说。

无论何时，当某人看到某个事物，【e】意识到他现在看见的东西想要与其他某些实在相似，但未能做到这一点，不能与另一事物相似，因为其自身低劣，在这种情况下我们会同意，那个这样想的人必定在先拥有关于他说的想要相似的事物的知识，但有缺陷吗？

必定拥有。

好，关于相等的事物和相等本身，我们不也体验到这一点吗？

确实如此。

在我们第一次看见相等的事物，【75】意识到它们都在努力追求与相等本身相似，但又有缺陷之前，我们一定拥有关于相等的知识。

是这样的。

我们肯定也同意，我们这种观念③ 得自视觉、触觉，或其他感觉，

---

① 指"相等"本身。
② 指相等的事物。
③ 指"相等"的观念。

而不能以其他任何方式进入我们心里，我要说，这是因为所有这些感觉都是相同的。

它们是相同的，苏格拉底，无论如何，在我们的论证想要澄清的这个方面。

【b】我们的感觉必定会使我们意识到，我们通过它们所感受的所有事物都努力想要追求相等的事物，但是缺乏相等；或者说我们该怎样表达？

是这样说的。

所以在我们开始看或听，或开始用其他感官感受事物之前，我们必定拥有关于相等本身的知识，如果我们想要把我们关于相等的物体的感觉归因于相等本身，意识到这些相等的事物全都渴望与相等本身相似，但却又是低劣的。

这可以从前面说过的话中推论出来，苏格拉底。

但是，从出生那一刻起，我们不就已经开始看和听，以及用我们的其他感官去感受了吗？

当然。

【c】那么我们必定在此之前就已经获得了有关相等的知识。

对。

所以我们必定是在出生之前获得了这个知识。

好像是这样的。

因此，如果我们拥有这个知识，我们在出生之前和出生之后，不仅马上知道相等，而且知道较大、较小，以及诸如此类的事情，因为我们当前的论证不仅是关于相等的，而且也适用于美本身、【d】善本身、正义、虔敬，以及如我所说，在我们对它们提问和回答的时候，可以给它打上"它是什么"的标记的所有这样的事物。所以在我们出生之前，我们必定已经获得了全部关于它们的知识。

是这样的。

在各自获取这个知识的时候，如果我们没有忘记它，那么我们保持着知的状态，终生拥有知识，因为知也就是获取知识，保有知识，不丢失。我们不是把丢失知识称作遗忘吗？

【e】确实如此，苏格拉底，他说。

但是，我想，如果我们在出生前获得了这个知识，然后在出生的时候失去了它，后来通过使用我们的感官与我们提到的那些事物相连，我们恢复了先前拥有的知识，我们可以正确地称之为回忆吗？

当然可以。

【76】某个人看或听，或用其他感官感受事物被认为是可能的，由此把他已经忘记了的、与相同或不同相连的其他事物放入心中。如我所说，从中可有两个推论：要么是我们生来就有关于它的知识，我们所有人全都终生知道它；要么是后来学习知识的人只是在回忆，学习就是回忆。

事情肯定就是这样的，苏格拉底。

你会作哪一种选择，西米亚斯？【b】我们生来就有这个知识，还是我们后来回忆起我们先前拥有知识的这些事物？

我现在没法选，苏格拉底。

好吧，还有一个选择你能选吗？关于它你有什么意见？一个有知识的人能够对他所知道的事物提供解释，或者不能？

他必定能够这样做，苏格拉底，他说。

你认为每个人都能给我们刚才提到的这些事物提供解释吗？

我希望他们能，西米亚斯说，但我担心到了明天，世上能解释得如此恰当的人就一个也没有了。

【c】所以，你不认为每个人都拥有关于这些事物的知识？

我确实不这样认为。

所以他们在回忆他们曾经学到的东西？

他们必定如此。

我们的灵魂什么时候获得有关它们的知识？肯定不会从我们出生为人开始。

确实不会。

在那之前？

是的。

所以，西米亚斯，我们的灵魂在获得人形之前也存在，它们过去就拥有理智。

除非我们是在出生那一刻获得了知识，苏格拉底，这样的时间还是留给我们的。

【d】有道理，我的朋友，但我们失去这些知识又在什么时候呢？我们刚才同意我们并非生来就拥有知识。难道我们在获得知识的同时又失去知识，或者说你还能提到其他时间？

我不能，苏格拉底，我没有意识到自己刚才是在胡说。

他说，所以，这就是我们的立场吗，西米亚斯？如果我们老在谈论的那些本体①——美、善，以及所有这一类东西——存在，我们把我们感受到的所有事物都归因于在者，【e】发现它以前就存在，并且是我们的，我们拿这些事物与它相比，那么，正如这些事物存在，所以我们的灵魂必定在我们出生之前存在。如果这些在者不存在，那么这个论证完全无效。这些在者存在，我们的灵魂在我们出生之前存在，二者具有同等的必然性，这是我们的立场吗？如果前者不存在，那么后者也不存在，是吗？

西米亚斯说，我不认为还能有什么疑问，二者都存在，具有同等的必然性，这是一个机会，我们的论证可以得出结论：【77】我们的灵魂在我们出生前存在，你现在正在谈论的在者也同样存在。在我个人看来，没有什么事情能那么清楚，所有这样的事物必定存在，美、善，以及所有你刚才提到的事物。我还认为我们已经提供了充分的证明。

克贝会怎么看？苏格拉底说，因为我们也一定要说服克贝。

我认为他充分信了，西米亚斯说，尽管他是最难被论证说服的人，但我相信他已完全信服，【b】我们的灵魂在我们出生前就已存在。然而，我本人不认为灵魂在死后继续存在这一点已经得到了证明；克贝提到的大多数人的意见仍然成立，人死的时候他的灵魂就消散了，这是

---

① 本体（οὐσία），亦译为“实在”“实体”。

灵魂存在的终结。如果灵魂有生成，它的构成来自某些其他的源泉，在进入人体之前就存在，在进入人体以后又离开人体，那么有什么能防止它本身死亡和被摧毁？

【c】克贝说，你说得对，西米亚斯。我们需要证明的事情已经证明了一半，我们的灵魂在我们出生前存在，要完成这个论证，还需要证明的是它在我们死后也一样存在。

苏格拉底说，西米亚斯和克贝，如果你们把这个论证与我们前面达成一致意见的论证，每一生者必定源于死者，结合起来，那么整个论证已经得到了证明。如果灵魂先前存在，【d】它在走向生命和出生时，必定来自死，或是死的，而非来自其他地方，所以它怎么能够在死后回避存在，因为它必定会再次出生？你所说的甚至现在也已经得到证明。然而，我认为你和西米亚斯想要更加充分地讨论这个论证。你们似乎有一种幼稚的恐惧，【e】害怕灵魂离开身体的时候真的被风刮走和吹散，尤其是人死的时候碰巧刮大风，而不是晴朗的天气。

克贝笑了，他说，苏格拉底，就算我们害怕，请你试着改变我们的心灵，或者倒不如假定我们并不害怕，而是我们中间有一名儿童真有这些恐惧；请你试着说服他，别把死亡当作妖怪。

苏格拉底说，你应该每天对他念一通咒语，直到赶走他的恐惧。

【78】克贝说，我们现在该上哪儿去找一名好巫师来对付这些恐惧，你现在就要离开我们了？

希腊是一个大国，克贝，会有一些好人，外邦人的部落也不少。你们应当把他们中间的巫师全部找出来，不要怕麻烦，也不要怕花钱，因为没有任何事情你们花钱能有更大的收益。你也必须在你们中间找，因为要找到比你们自己能更好地做这件事的人可能不容易。

【b】我会去做的，克贝说，不过，要是你乐意，还是让我们回到刚才离开的论证。

我当然乐意。

好极了，他说。

那么我们必须向自己提出这样一些问题：哪一类事物像是会被吹散

的？代表哪一类事物说话，人应当害怕这种情况，为了哪一类事物，人不应当害怕这种情况？然后我们应该考察灵魂属于哪一类事物，其结果，要么为灵魂感到恐惧，要么为灵魂感到欢乐。

你说的是对的。

【c】任何复合的事物或天然的混合物容易破裂为它的组成部分，只有非复合的事物，如果有的话，不太会破裂？

我想是这么回事，克贝说。

始终保持相同、处于相同状态的事物最不像是复合的，而那些不停地发生变化、从不相同的事物是复合的事物？

我认为是这样的。

让我们回到前面处理过的那些事物上来，【d】我们在提问和回答时对它们的存在的本体作了解释；它们一直是相同的，处于相同的状态，还是在不停地发生变化；相等本身、美本身、每一事物本身、真者，会受任何变化的影响吗？或者说真正存在的每一个，都被它自身所统一，保持着相同，决不容忍任何变化？

克贝说，它必定保持着相同，处于相同的状态，苏格拉底。

【e】许多美的具体事物怎么样，比如人、马、衣服，或其他东西，许多相等的具体事物怎么样，所有那些拥有与其他东西相同名称的事物怎么样？它们保持着相同，还是总体上与那些其他的在者对立，可以说它们从来不以任何方式与其自身保持相同，或者保持相互之间关系上的相同？

是后一种情况，它们从不处于相同的状态。

【79】后一类事物你们能够触摸和看见，或用其他感官感受，但那些始终保持相同的事物只能由心灵的推理的力量来把握吗？我们看不见它们，它们是不可见的。

完全正确，他说。

那么你想要我们假定有两类存在，可见的和不可见的吗？

让我们作这样的假定。

不可见的始终保持相同，而可见的决不保持相同吗？

让我们也作这样的假定。

【b】我们自身一部分是身体，一部分是灵魂吗？

是这样的。

我们说身体更像是哪一类存在，与哪一类存在关系比较密切？

与可见的关系比较密切，任何人都能明白。

灵魂怎么样，它是可见的还是不可见的？

它对人来说是不可见的，苏格拉底，他说。

好，我们的意思是对人眼而言的可见和不可见，或是对其他事物而言，你怎么想？

对人眼而言。

那么对灵魂该怎么说？它可见，还是不可见？

不可见。

所以它是不可见的吗？

是。

【c】所以灵魂比身体更像是不可见者，而身体更像是可见者？

毫无疑问，苏格拉底。

我们前不久还说过，灵魂用身体来考察事物，无论是通过听、看或其他感官——因为经过身体来考察事物要通过感官来进行——灵魂会被身体拉向那些从不保持相同的事物，灵魂本身会误入歧途，与这种事物接触的时候会感到困惑和眩晕，好像喝醉酒似的？

对。

【d】但是，当灵魂用自身来考察时，它进入那个纯粹、永存、不朽、不变的领域，灵魂独立自存时与那里的事物本性相近，它总是与它们待在一起，也能够这样做；它不再迷路，而是保持着相同的状态，接触具有相同性质的事物，灵魂的这种体验被称作智慧吗？

你说的很好，也说的完全正确，苏格拉底。

【e】根据我们前面说的和刚才说的来判断一下，你认为灵魂与哪一类事物更相似，其本性更加相近？

他说，苏格拉底，我想面对这一连串的论证，哪怕最愚昧的人也会同意，灵魂完全可能更像那一类始终以同样状态存在的事物，而不像以不同状态存在的事物。

身体怎么样？

身体更像另一类事物。

【80】也用这种方式来看一下：当灵魂与身体在一起的时候，天性命令一个做臣民、被统治，另一个统治，做主人。然后再问，你认为哪一个更像是神圣的，哪一个更像是可朽的？你不认为神圣者的天性就是统治和领导，而可朽者的天性就是被统治和作臣民吗？

我是这么看的。

灵魂与哪一类事物相似？

苏格拉底，灵魂显然与神圣者相似，身体显然与可朽者相似。

那么请考虑，克贝，从我们已经说过的所有话中可否推论，【b】灵魂最像是神圣者，是无死亡的、有理智的、统一的、不可分解的，始终与其自身相同，而身体最像是凡人，是可朽的、多重的、无理智的、可分解的，从不保持持续的相同。我亲爱的克贝，我们还有什么可说，表明事情不是这样的吗？

我们没有。

好吧，如果事情是这样的，那么肉体容易分解不是很自然吗？因为灵魂才是完全或几乎不会分解的？

【c】当然。

他说，你明白吗，当人死的时候，这个可见的部分、存在于可见世界中的、被我们称作身体的肉体，是天然命定要分解的，会化成碎片消散，但这些事不会马上发生，而会保存一段时间，事实上，人死的时候如果条件恰当、季节有利，身体保存的时间会相当长？如果尸体干化或涂上香油防腐，就像在埃及，那么在长的难以置信的时间里它几乎保持完整，【d】哪怕尸体腐烂了，其中有些部分，比如骨头、肌腱或其他相似的东西，无论如何可以说它们是无死的。不是这样吗？

是这样的。

灵魂，这个不可见的部分，会去一个与之种类相同的、高尚的、纯洁的、不可见的地方去寻找善者和聪明的神，那里实际上就是冥府，如果情况允许的话，我的灵魂必定很快就会去那里——具有这样的种类和本性的灵魂，在离开身体的时候会消散和被摧毁吗，【e】如大多数人所说？远非如此，我亲爱的西米亚斯和克贝，所发生的事情更像是这样的：如果灵魂从肉体中解脱出来的时候是纯洁的，没有沾上肉体的成分，因为它不愿与活的肉体有什么联系，而是完全聚拢自己，回避肉身，并且总是在练习怎样死得容易些，【81】实际上，这就是以正确的方式实践哲学。这不就是练习死亡吗？

确实是。

灵魂以这种状态走向与它自己相似的不可见者、神圣者、不朽者、智慧者，到达那里时它是快乐的，它摆脱了自己的困惑、无知、恐惧、激情和人的其他毛病，像那些加入秘仪者所说的那样，真正地与众神一道度过余下的时光。我们要这样说，克贝，还是采用别的说法？

要这样说，宙斯在上，克贝说。

【b】但我想，如果灵魂在离开肉体的时候已被玷污，是不纯洁的，因为它总是与肉体联系在一起，侍奉肉体，被肉体的情欲和快乐施了魔法，以为对它来说，除了可以触摸、观看、吃喝，或能用于性生活享受的东西，其他似乎什么都不存在，如果灵魂已经习惯于仇恨、畏惧、回避那些对眼睛来说模糊不清的，但却是有理智的、只能依靠哲学来把握的东西——你认为这样的灵魂能够不受污染地逃离，独立自存吗？

【c】不可能，他说。

由于不断地与身体交合与联系，以及通过大量的练习，灵魂无疑会被有形体的东西渗透，这些东西在灵魂中变得根深蒂固。

是这样的。

我的朋友，我们必须相信肉身的元素是沉重的、笨拙的、属土的、可见的。由于这个原因，灵魂变得沉重，由于害怕不可见者或哈得斯，被拉回可见的世界。我们得知，【d】它在坟场和墓碑间游荡，在那里可以看见的幻影和幽灵，就是由这样的灵魂产生的，这样的灵魂没有解脱和净化，而是分有可见者，因此能被看见。

好像是这样的，苏格拉底。

确实是这样的，克贝。还有，它们不是好人的灵魂，而是低劣的人的灵魂，它们被迫在那里游荡，为它们先前受到的坏的教养而接受惩罚。【e】它们一直在游荡，直到它们渴望的、能与它们相伴的东西，即有形体的东西，再次将它们囚禁在肉身中，到了那个时候，它们很像是会具有它们活着的时候已经练就的品格。

你说的这些品格是什么样的，苏格拉底？

举例来说，那些肆无忌惮地实施贪吃、强暴、酗酒的人，像是要去与驴子或其他相似的动物为伴。【82】你不这样认为吗？

很像。

那些极度崇敬不义、实施暴政、掠夺抢劫的人会加入狼、鹰、鸢的部落，或者我们说他们会去其他什么地方？

肯定会去这些部落，克贝说。

所以很清楚，人的宿命与其以往的行为方式相一致吗？

是很清楚，当然是这样。

他们中最幸福的人，也将拥有最好的宿命，【b】他们是那些实践通行的美德和社会美德的人，他们称这些美德为节制和正义，这些美德通过习俗和实践来发展，无需哲学和理智？

他们为什么是最幸福的呢？

因为他们像是再次加入一个社会的、温和的群体，比如蜜蜂、黄蜂、蚂蚁的群体，也可能再次加入一个这样的人的群体，成为有节制的人。

像是这样。

未实践哲学、不能在离世时完全纯洁的人，不可能加入众神的群体，【c】只有那些热爱学问的人才行。我的朋友西米亚斯和克贝，由于这个原因，那些以正确的方式实践哲学的人远离所有肉体的情欲，主宰它们，而决不向它们投降；这样做根本不是因为担心耗费金钱和财产，这是大多数人和那些爱钱者所担心的，也不是因为害怕丢脸和坏名声，就像那些雄心勃勃的人和热爱荣誉的人所担心的，实践哲学的人会远离它们。

那样做不符合他们的天性，苏格拉底，克贝说。

【d】宙斯在上，不符合，苏格拉底说。那些关心他们自己的灵魂、不愿为了侍奉他们的肉体而活着人，会把所有这些事情都打发掉。他们不会像那些不知道自己要去哪里的人一样，在与他们相同的道路上行走，而是相信任何与哲学和与他们的拯救和涤罪相反的事情都不能做，他们转向这条道路，追随哲学的指引。

怎么会这样，苏格拉底？

我会告诉你的，他说。当哲学掌握了他们的灵魂的时候，【e】热爱学问的人知道他的灵魂被囚禁在身体中，依附身体，被迫通过身体来考察其他事物，就像要透过囚室去考察，而不是依靠它自己去考察，在无知的泥淖中打滚。哲学看到这种囚禁的最糟糕的特点在于持有欲望，所以这个囚犯本人对他自身的禁闭贡献最大。【83】如我所说，学问的热爱者知道哲学把握了他们的灵魂，然后温和地鼓励灵魂，告诉它们，通过眼睛进行的考察充满了欺骗，就好像通过耳朵和其他感官，试图以此解放灵魂。然后，哲学劝告灵魂尽量撤离感官，除非迫不得已不使用感官，哲学吩咐灵魂要靠自己聚拢自身，只相信自身和任何在者，【b】由于独立自存，灵魂凭自身去理解，不把它凭其他方式考查的东西当作真的，因为这样的东西在不同的环境下是不同的，是可感的和可见的，而灵魂本身看见的东西是理智的和不可见的。真正的哲学家的灵魂认为一定不能反对这种拯救，所以尽可能远离快乐、欲望和痛苦；他意识到剧烈的快乐、痛苦和欲望引起的不仅是像生病或放纵欲望所要忍受的那样可以期待的痛苦，【c】而且是最大的、最极端的恶，尽管有一点他没有意识到。

他没有意识到的是什么，苏格拉底？克贝问。

每个人的灵魂，当它感受到与某个对象相连的剧烈的快乐或痛苦时，不可避免地就相信引起这种情感的事物必定非常清楚，非常真实，而这个对象并非如此。这样的对象大部分是可见的，不是吗？

当然是的。

【d】这样的经验最完全地把灵魂与身体捆绑在一起吗？

为什么会这样？

因为每一快乐或痛苦都像一根铆钉，把灵魂牢牢地钉在肉体上，使它们结合在一起。它使灵魂成为有形体的，所以它相信真相就是身体所说的那样。由于它与身体分享信念，使身体愉悦，我想它不可避免地要与身体分享它的生活方式和品性，因此不能以纯洁的状态抵达冥府；它启程离开的时候，总是带着肉体，【e】所以很快就会坠入另一肉体，与之一道成长，就好像在那里播种似的。由于这个原因，它决无可能与神圣者、纯洁者、统一者相伴。

你说得非常对，克贝说。

由于这个原因，学问的真正热爱者是节制的和勇敢的，或者说，你认为大多数人说的那些原因才是对的？

【84】我肯定不认为他们是对的。

确实不对。哲学家的灵魂会这样推论：它不认为哲学来解放它的时候，它应该先从快乐和痛苦中得到解救，然后再次成为囚犯，由此徒劳无益，就像珀涅罗珀①对待自己织的衣物。哲学家的灵魂平静地对待这样的情感；它追随理性、始终借助理性来沉思真实的东西和神圣的东西，它们不是意见的对象。受此教养，它相信人只要活着就应当以这种方式生活，死后可以抵达与其本性相似的处所，免除人的罪恶。【b】经过这样的教养之后，西米亚斯和克贝，灵魂就没有什么危险，不需要担心在与肉身分离的时候灵魂会被大风刮散，从而不再是任何东西，不复存在于任何地方。

【c】说完这番话后，苏格拉底沉默了好久。他好像在沉思刚才说的话，我们大多数人也在思索。但是，西米亚斯和克贝在小声耳语。苏格拉底回过神来注意到他们，就向他们提问。他说，怎么了，你们认为我的论证缺少什么吗？对任何想要彻底讨论这些事情的人来说，仍旧会

---

① 珀涅罗珀（Πηνελόπη）是荷马史诗中的英雄奥德修斯之妻，她为了拒绝贵族子弟的求婚而将白天织好的衣物晚上拆除，以此拖延时间。

有许多疑点或反对意见。如果你们在议论其他主题，那么我无话可说，但若你们对理解这个主题有困难，如果你们认为这个论证还能进一步改进，那么就请直截了当地把你们的看法说出来，由你们自己来解释，【d】如果你们认为自己能够做得更好，那么就在讨论中带上我吧。

我会对你说真话，苏格拉底，西米亚斯说。我们俩都有些困难，几次催促对方向你提问，因为我们想要听到你的看法，但我们又感到犹豫，不想给你添麻烦，免得让处在当前不幸中的你不高兴。

听了此话，苏格拉底温和地笑了，他说："真的，西米亚斯，【e】我不认为我当前的命运是一种不幸，如果我不能说服你们相信这一点，那么我肯定难以说服其他人，而你们担心我会比过去更难对付。你们似乎认为我在预言方面比天鹅差。天鹅从前也唱歌，但当它们意识到自己必须去死的时候，它们会最大声、最甜蜜地歌唱，【85】就好像它们对自己就要启程去神那里感到欢乐，因为它们是神的仆人。而人，由于他们自己怕死，就说了天鹅的谎言，说天鹅的临终绝唱是对它们的死感到悲哀与伤心。这些人没想到鸟儿在饥饿、寒冷和其他窘境中是不唱歌的，夜莺、燕子、戴胜①都不会，尽管这些人确实说这些鸟儿感到痛苦的时候就唱哀歌。天鹅也不会这样做，【b】但我相信它们属于阿波罗神，它们有预见，拥有关于未来的知识，它们会为了那个地下世界的幸福而歌唱，在它们将要死的那一天，它们会比以前唱得更响亮，比以前更加欢乐。我相信自己与天鹅同为仆人，献身于同一位神，我从我的主人那里收到的预言的礼物不比天鹅差，在告别今生的时候不会比它们更加感到沮丧。因此，你们一定要想怎么说就怎么说，想怎么问就怎么问，只要雅典人的执法官还允许。"

说得好，西米亚斯说。我会告诉你我的困难，【c】然后克贝会说为什么他不能接受你所说的。我相信，如你所说，尽管在我们还活着的时候要获得有关这个主题的精确知识是不可能的或极为困难的，但若不对相关的说法作彻底的考察，或在进行全面的考察而精疲力竭之前就放

① 戴胜（ἔποψ），一种鸟的名字。

弃，那是非常软弱的表现。人应该获得这样的结果之一：要么学到关于这些事情的真相或者为自己去发现它，要么，如果这是不可能的，【d】就采用人的最优秀、最可靠的理论，以之作筏，在海上航行，靠它去穿越生活中的险境，除非有人能使这一航程更加安全，更少危险，能依靠某种神圣的理论乘上更坚实的航船。所以，哪怕是现在，由于你已经说了你的做法，我在提问时不会感到羞耻，也不会因为没有说出我的想法而在今后责备自己。在考察我们已经说过的话时，我自己或者和克贝一道，我们感到它显得不很充分。

【e】苏格拉底说："你很有可能是对的，我的朋友，但是告诉我，它怎么不充分。"

以这种方式进行论证在我看来好像不充分，他说："对竖琴与琴弦的和谐，可以做出同样的论证，所谓和谐就是存在于调好音的竖琴中的某种不可见的、【86】无形体的、美妙的、神圣的东西，而竖琴本身和它的琴弦是物体的、有形的、复合的、属土的，与可朽者密切相连。如果有人打坏了竖琴，割断了琴弦，使用与你相同的论证，他坚持说和谐必定仍旧存在，是不能被摧毁的，但这对竖琴和琴弦来说是不可能的，因为它们是可朽的，琴弦断裂时和谐不可能仍旧存在，而对和谐来说，它与神圣者和不朽者关系密切，【b】具有相同的性质，会在可朽的东西之前被摧毁；他会说，和谐本身必定仍旧存在，而造琴的木头和琴弦却在和谐遭受痛苦之前必定腐烂。确实，苏格拉底，我认为你必须记住，我们真的假定灵魂是这样一种东西，就像肉体会受到热与冷、干与湿，以及其他这类事物的影响而伸缩，【c】我们的灵魂也是一些事物的混合与和谐，它们能按正确的比例和尺度混合而成。如果灵魂是某种和谐或调音，显然，当我们的身体由于疾病和其他邪恶而不合尺度地松懈了或伸展了，灵魂必定马上被摧毁，哪怕它是最神圣的，就像在音乐和所有艺术家的作品中可以发现的其他和谐一样，而物体的残留部分会长时间延续，直到它们腐烂或者被焚毁。请考虑，【d】对一个把灵魂视为物体成分的混合物、在我们称之为死亡的过程中第一个消亡的人，我们该如何回答。"

苏格拉底如他习惯的那样敏锐地看着我们，笑了，他说："西米亚斯说得相当公平。如果你们中有谁比我更加足智多谋，为什么不来回答他，因为西米亚斯似乎已经胜任地处理了这个论证。【e】然而，我想在我们回答他之前，应该听一下克贝的反对意见，为的是让我们也有时间仔细考虑我们的回答。听了他的意见，如果我们认为他们的想法与我们合拍，那么我们就表示赞同，否则就捍卫我们的论证。来吧，克贝，告诉我们，令你感到困惑的是什么？"

【87】克贝说，我来告诉你，你的这个论证在我看来与你以前的论证有同样的问题，可以受到同样的批评。我不否认你的这个论证很优雅，如果我这样说不算冒犯的话，充分证明了我们的灵魂在采用当前的形式之前就存在，但我不相信在我们死后，灵魂同样存在于某个地方。我并不赞成西米亚斯的反对意见，说灵魂并不比肉身更加强大和更加持久，因为我认为灵魂在所有这些方面都要比肉身优越得多。你的这个论证会说："为什么你仍旧不信呢？因为你已经看到了，人死了，他的较弱的部分继续存在，【b】你不认为他那个更加持久的部分在那段时间必定会留存吗？"考虑一下这个要点，看我说的是否有意义。

像西米亚斯一样，我也需要一幅图像，因为我想这个论证很像有人在一位年老的裁缝死的时候说这个人没死，而是安全、健全地存在于某个地方，并且提供例证说【c】他为自己缝制的斗篷还很好，没有腐烂。如果有人不信，就会问一个人是否会比一件经常穿着和磨损的上衣延续得更长，如果回答是人延续得更长，就会被当作证据来说明这个人是安全的和健全的。但是西米亚斯，我认为情况并非如此，请考虑我下面要说的话。任何人都会明白说这种话的人是在胡说八道。那位裁缝制作和穿破了许多这样的斗篷。【d】他在许多件斗篷朽坏之后死去，但在最后一件斗篷朽坏之前死去。这并不表明人比斗篷还要低劣或软弱。我想，这幅图像说的是灵魂与肉体的关系，任何人就灵魂与肉体说同样的话在我看来说得都有意义，灵魂长时间地延续，而肉体较弱，活得较短。他可以说每个灵魂都穿破了许多肉体，尤其是如果它活了很多年。如果肉体处于流变状态，并且在这个人还活着的时候就在毁损，【e】而灵魂会更新已经毁损的肉身，那么得出这样的结论是不可避免的，灵魂死亡的时候会穿着最后一个肉体，仅在最后这个肉体之前死亡。灵魂死亡的时候，肉体很快就会腐烂和消散，显示出它本性的虚弱。所以我们不能相信这个论证，【88】而要对我们的灵魂在我们死后继续存在于某处充满信心。如果有人开始对人使用这个论证，甚至超过你所做的，不仅肯定灵魂在我们出生之前存在，而且肯定没有理由说某些灵魂不存在，而是在我们死后继续存在，因此不断地处在生与死的轮回之中；如果有人向他保证说，灵魂的本性如此强大，它能在许多肉体中幸存，承认了这一点，但若不进一步承认灵魂不会由于多次出生而毁损，最终也不会在某一次死亡中完全被摧毁，那么他会说，【b】无人知道哪一次死亡和肉体的消解带来了灵魂的最终毁灭，因为我们中没有人能明白这个道理。在这种情况下，任何带着自信面对死亡的人都是傻子，除非他能证明灵魂是完全不朽的。如果他不能，那么快要死的人必定总是在为他的灵魂担心，害怕当前的这一次灵魂与肉身的分离会带来灵魂的完全毁灭。

【c】听了他们说的，我们全都非常沮丧，这是我们后来相互告知的。我们本来已经非常相信前面的论证了，但他们似乎让我们又感到困惑，使我们不仅怀疑已经说过的，而且怀疑后来要说的，我们不配提出批评，也不能确定地承认这个话题本身。

　　厄　众神在上，斐多，我同情你，因为在听你讲的时候，【d】我发现我也在对自己说：我们要相信什么论证？苏格拉底的论证是极为令人信服的，但现在又变成不可信的了；灵魂是某种和谐的说法对我格外有吸引力，现在是这样，一直是这样，你提到它的时候提醒了我，我本人以前也是这样想的。现在我又有了需要，要其他论证来令我信服，好像从头开始似的，灵魂不会随着人的死亡一同死去。所以告诉我，宙斯在上，苏格拉底怎样处理这个论证。他也很沮丧吗，【e】就像你说的其他人那样，或者说他不沮丧，而是平静地拯救他的论证，他的拯救是令人满意的还是不甚恰当的？把你知道的一切都尽可能准确地告诉我们。

　　斐　我肯定经常崇拜苏格拉底，厄刻克拉底，但从未像在这个场合似的更加崇拜他。【89】他作了回答，这可能不奇怪。使我极为惊讶的是，

他以愉快、温和、可敬的方式收下了两位年轻人的论证，他极为敏锐地
察觉到这一讨论对我们产生的影响，他极好地治疗了我们的沮丧，把我
们从溃败和逃跑中召回，让我们掉转头与他一道考察他们的论证。

　　厄　他是怎么做的？

　　斐　我会告诉你。我当时正好坐在他右边的一张矮凳上，【b】所以
他比我高很多。他摸着我的头，把我颈后的头发挽在手里，因为他有
时有玩我头发的习惯。他说："明天，斐多，你可能会剪去这头美丽的
卷发。"

　　很有可能，苏格拉底，我说。

　　如果接受我的建议，你就不会了。

　　为什么不会？我问。

　　他说，今天我要剪去我的头发，你要剪去你的头发，如果我们的论
证在我们手中死去，【c】而我们又不能让它复活。假如我是你，而这个
论证从我这里逃走了，我要发誓，像阿耳戈斯人①所做的那样，在我举
行反攻、打败西米亚斯和克贝的论证之前，让我的头发不要再长出来。

　　但是，我说，有人说甚至连赫拉克勒斯②也不能一次对付两个人。

　　那就召我做你的伊俄拉俄斯③，在天还亮的时候。

　　我会叫你的，但在这个情况下是伊俄拉俄斯召唤赫拉克勒斯。

　　这没什么区别，他说，但首先有某种经验我们必须小心提防。

　　什么经验？我问。

　　【d】我们不要变得厌恶理论，就像有人变得厌恶人类。没有比仇视
合理的论证更大的人能承受的邪恶了。厌恶理论和厌恶人类以同样的方
式产生。厌恶人类来自一个没有知识或技艺的人，他起先极为信任某
人，相信这个人是完全可信的、理智健全的、值得信赖的，然后过了没
多久，发现这个人是邪恶的、不可靠的，然后这种情形又发生在别的事

－－－－－－－

①　阿耳戈斯人（Ἀργεῖοι），对斯巴达战败，发誓不复故土不留发。
②　赫拉克勒斯（Ἡρακλῆς），希腊神话中的英雄，作出许多业绩。
③　伊俄拉俄斯（Ἰόλαος），赫拉克勒斯的侄子，曾协助赫拉克勒斯杀死九头水蛇。

例中，当一个人频繁地有了这种经验，【e】尤其是和那些他相信是最亲密的朋友的人，然后，到了最后，经受多次打击，他变得仇视所有人，相信无人在任何方面是健全的。你没见过这种事情发生吗？

我确实见过，我说。

这是事情的一种可耻的状态，他说，显然是由于这样一种建立人际关系的企图，而又没有任何处理人际事务的技艺，因为这样的技艺会使人相信，【90】非常好的人和非常坏的人实际上都相当稀少，大部分人处于两个极端之间。

我说，你这是什么意思？

他说，就像非常高和非常矮一样。你认为还有什么事情比找到一个极高或极矮的人更稀罕？或者狗或其他任何东西？或者，还有，极快或极慢，丑或美，白或黑？你不明白在所有这些事例中，处于两个极端的都非常稀罕和稀少，而处于两端之间的非常多，非常充沛？

当然，我说。

【b】然而，他说，如果有一场比谁恶的竞赛，那么你认为胜利者也很少吗？

这一点很像，我说。

确实很像，他说，但是论证在某一点上不像人。刚才我只是在跟随你的引导。这里面的相似性倒不如说是这样的：一个缺乏论证技艺的人信任一个论证，把它当作真的，然后过了没多久又相信它是假的——就像有时候是，有时候不是——对另一个论证也这样，一再重复。你知道某些花时间专门研究对立的人相信他们自己最终变得非常聪明，【c】只有他们弄懂了任何对象或任何论证都不是健全的或可靠的，而是一切事物都只是上下波动地存在着，就像在尤里普斯①，不会在任何时间和地点停滞不动。

你说得很对，我说。

---

① 尤里普斯（Εὔριπος），海峡，位于尤卑亚岛与希腊大陆波埃提亚地区之间，波涛汹涌。

那么好，斐多，他说，有一个真的、可靠的论证，是人能够理解的，如果有人把这样的论证当作有时真、有时不真，【d】不是责备他自己或是他自己缺乏技艺，而是由于他的沮丧，最终很快地把对他自己的责备轻易地转为责备论证，用他的余生仇视和辱骂合理的讨论，由此失去了认识真理和获得关于在者的知识的机会，这就很可悲了。

是的，宙斯在上，我说，确实可悲。

【e】那么，这是第一件我们必须提防的事情，他说。我们一定不可允许这样的信念进入我们心中，没有什么论证是健全的，我们倒应当相信，尽管现在还不健全，但我们必须鼓足勇气，渴望达到健全，【91】你和其他人为了你们仍在继续的整个生命的缘故要这样做，我为了死亡本身的缘故要这样做。我此刻的危险在于对死亡缺乏一种哲学的态度，像那些相当无教养的人一样，我渴望在论证中让你们变得较好，因为那些无教养的人，在他们对任何事情进行论证时，注意的不是讨论主题的真理，而只是急于让那些在场的人接受他们提出的观点。我与他们的区别仅在这一范围：我不会渴望得到那些在场者的赞同，让他们认为我所说的是真的，除了偶尔会有这种情况，但我非常渴望我本人应当彻底相信事情是这样的。因为我想——瞧这种精神多么有争议——如果我说的是真的，【b】那么它是一件应当信服的好事，另外，如果死亡之后无物存在，那么至少在我死前的这个时刻，我会比那些在场者较少沮丧和悲哀，因为我的愚蠢不会再随我继续存在——若继续存在那可是件坏事——而会短时间内走向终结。因此，做好准备，西米亚斯和克贝，他说，我下面就来处理你们的论证。如果你们接受我的建议，【c】那么少想一些苏格拉底，多想一些真理。如果你们认为我说的对，那就同意我；如果不对，那就用所有论证来反对我，你们要注意，我热切地希望不欺骗我自己和你们，像一只黄蜂，在我走的时候把我的螫针留在你们身上。

我们必须开始了，他说，如果我显得忘了你们所说的，首先请你们提醒我。如我所信，西米亚斯有点怀疑和恐惧，【d】灵魂尽管比肉体更神圣、更美丽，然而作为一种和谐，要比肉体先死。我想，克贝同意我的看法，灵魂延续的时间比肉体长，但无人知道灵魂是否经常穿破许多肉体，在离开它的最后的肉体时，灵魂本身是否也遭到毁灭。这就是死亡，灵魂的毁灭，因为身体总是被摧毁的。西米亚斯和克贝，这些问题是我们必须考察的吗？

【e】他们俩都表示同意，要考察这些问题。

他问，那么你们否定我们先前的全部说法，还是否定某些说法，不否定其他说法？

否定某些说法，他们俩说，不否定其他说法。

他说，我们说过学习就是回忆，【92】如果是这样的话，那么我们的灵魂必定存在于其他地方，在我们之前存在，在它被囚禁于肉体之前存在，这些说法怎么样？

克贝说，就我个人来说，我当时就非常信服这些说法，现在也还这样看，超过其他任何说法。

西米亚斯说，这也是我的立场，如果我连这一点也曾有过改变，那就太令人惊讶了。

但你们必须改变你们的看法，我的底比斯朋友，苏格拉底说，【b】如果你们相信和谐是一样复合的事物，灵魂是一种处在紧张状态下的肉体的成分的和谐，那么你们肯定不会允许自己坚持一个复合的和谐存在于灵魂得以构成的那些成分之前了，你们会吗？

绝对不会，苏格拉底，西米亚斯说。

他说，你意识到吗，这是你说灵魂在它取得形体，亦即人的身体之前就存在，它是由那些还不存在的成分构成的时候实际上已经说了的看法？和谐不像你所比喻的那样，竖琴、琴弦、音调，【c】尽管仍旧没有和谐化，但存在着，和谐是由它们最后构成的，又是最先被摧毁的。你们如何能使这一说法与你们前面的说法合拍？

没有办法，西米亚斯说。

他说，一个关于和谐的说法肯定应当比其他任何说法显得更和谐。

是应当这样，西米亚斯说。

所以，你的说法有不合拍的地方吗？请考虑你喜欢哪一种说法，学习就是回忆，还是灵魂是一种和谐。

【d】我更喜欢前者，苏格拉底。我在没有证据的情况下就采纳了后者，因为它有某种可能性和貌似有理，这也是它能吸引许多人的原因。我知道依靠以可能性为基础的论据的那些论证是自命不凡的，如果对它们不警觉，它们肯定会骗人，在几何学中是这样，在其他事情中也是这样。然而，回忆的理论和学问建立在值得接受的假设的基础上，因为说我们的灵魂在进入肉体之前就存在，就像我们用"它是什么"这些词【e】来限定的那一类的本体一样，我本人认为接受它是相当正确的。因此我不能接受灵魂是一种和谐的理论，无论这个理论来自我本人，还是来自其他人。

你是怎么想的，西米亚斯？你认为和谐，【93】或其他任何复合的事物，天然地处在一种与构成事物的部分不同的状态中吗？

我完全不这样认为，西米亚斯说。

如我所想，它也不能以一种与它的成分不同的方式行动或受动？

他表示同意。

因此必须假定和谐并不指导它的构成部分，而是被它们所指导。

他接受这一点。

因此和谐远非一项运动，或者发出一个声音，或者做其他事情，以一种与它的构成部分相对立的方式。

确实远非如此。

每一和谐的本性依赖它被和谐化的方式吗？

我不懂，他说。

【b】如果它越来越多地被和谐化，它就越来越多地是一个和谐，如果它越来越少地被和谐化，它就越来越少地是一个和谐。

当然。

对灵魂来说这也是对的吗，一个灵魂比另一个灵魂越来越多地更是一个灵魂，或者越来越少地更是灵魂，甚至少到最小的程度？

根本不是这样。

好吧，宙斯在上，他说。我们说一个灵魂拥有理智和美德，【c】是好的，另一个灵魂拥有愚蠢和邪恶，是坏的。这些说法对吗？

它们肯定是的。

持有灵魂是一个和谐这种理论的人对这些居于灵魂内的事物，也就是美德和邪恶，会说什么呢？这些东西是某些其他的和谐和不和谐吗？善灵魂是和谐化了的，是一个和谐，在它自身中有另一个和谐，而恶灵魂本身缺乏和谐，又在其自身中没有另一个和谐吗？

我不知道说什么好，西米亚斯说，但持有这个假设的人显然必定会对它说些什么。

【d】我们前面已经同意，他说，一个灵魂不会比另一个灵魂更多或更少地是灵魂，这就意味着，一个和谐不会比另一个和谐更多或更少地是和谐。不是这样吗？

当然如此。

那个不会更多或更少地是和谐的事物是不会更多或更少地和谐化了的事物。是这样吗？

是这样的。

那个不会更多或更少地和谐化了的事物不能更多或更少地分有和谐，或者说它能这样做。

能这样做。

【e】那么，如果一个灵魂不会更多或更少地比另一个灵魂更是灵魂，那么它已经和谐化到了相同的程度。

是这样的。

如果是这样的话，那么它不会更多地分有不和谐或和谐。

它不会。

如果是这种情况，一个灵魂能比另一个灵魂有更多的邪恶，或比另一个灵魂有更多的美德吗，如果邪恶是不和谐，美德是和谐？

不能。

【94】西米亚斯，按照正确的推理，倒不如说，如果灵魂是一个和谐，那么没有灵魂会分有任何邪恶，因为和谐肯定完全是这样一种事物，就是和谐，决不会分有不和谐。

它肯定不会。

灵魂，由于完全是这样一种事物，就是灵魂，也不会分有邪恶吗？

它怎么能分有邪恶呢，按照我们已经说过的这种看法？

所以依据这一论证，一切生灵的灵魂都是同等好的，如果灵魂按其本性就同等地是这样一种事物，就是灵魂。

我想是这样的，苏格拉底。

【b】我们的论证正确吗，他说，如果灵魂是一个和谐的假设是正确的，看起来它似乎应该走到这一步？

完全不对，他说。

再说，人有各个部分，你能说出除了灵魂以外，人的哪个部分在统治人吗，尤其当它是一个聪明的灵魂？

我不能。

它在这样做的时候是在顺从还是在抗拒肉体的情感？我的意思是，举例来说吧，肉身发热和口渴时，灵魂把它拉向对立面，不要喝水；肉身饥饿时，不要吃东西，【c】我们可以看到灵魂抗拒肉体情感的成千上万的其他例子。不是吗？

确实如此。

另一方面，我们前面同意过，如果灵魂是一个和谐，那么它决不会由于紧张或松弛、琴弦的拨动，以及对它的组成部分所做的其他事情，而跑调，灵魂会追随这些构成要素，而决不会指导它们吗？

我们是同意过，当然。

好吧，灵魂现在好像是在做相反的事，【d】统治所有人说的构成灵魂的所有要素，几乎终生都在反对它们，指引它们的道路，对它们施以严厉的、痛苦的处罚，有时候像体育训练和医术，有时候是比较温和的训诫和鼓励，与欲望、激情、恐惧交谈，就好像两个不同的人在谈话，如荷马在《奥德赛》中所说，奥德修斯"捶打胸部，内心自责地这样说，我的心啊，忍耐吧，你忍耐过种种恶行。"①【e】你认为，当诗人写下这

---

① 荷马：《奥德赛》20：17。

些话的时候，他会认为灵魂是一个和谐、是一个受肉体的情感引导的事物吗？他不是在把灵魂当作它们的统治者和主人，灵魂本身要比和谐更加神圣吗？

是的，宙斯在上，我认为是这样的，苏格拉底。

【95】因此，我的好朋友，我们说灵魂是一个和谐是相当错误的，如果这样说的话，我们就与神圣的诗人荷马的意见不同，也和我们自己的意见不同。

是这样的。

很好，苏格拉底说。对我们来说，对付底比斯的哈耳摩尼亚似乎相当合理和顺利，我亲爱的克贝，我们该怎么办，用什么样的论证能够对付卡德摩斯？①

克贝说，我想你会有办法的。你处理这个关于和谐的论证的方式令我感到相当惊奇。【b】西米亚斯在讲他的困难时，我感到相当惊奇，不知是否有人能对付他的论证，当他不能抵抗你的论证的初次突击时，我哑口无言了。所以，要是卡德摩斯的论证遭遇相同的命运，那我不会感到奇怪。

我的好人，苏格拉底说，别吹捧，免得厄运降临，颠覆我们将要做出的论证。不过，还是把它留给神来关心吧，我们的任务是按照荷马史诗的方式紧紧把握论证，看你所说的里面有什么东西。我总结一下你的问题：【c】一名哲学家在将死之前充满自信，认为在地下世界他的生活会比他曾经过的其他任何生活都要好得多，而你认为必须向他证明灵魂是不朽的、不可摧毁的，这样才能避免这种既愚蠢又单纯的自信。为了证明灵魂是强大的，因为它是神圣的，它在我们出生为人之前就存在，你说所有这些论证都没有说明灵魂是不朽的，只说明它是长存的。

---

① 在希腊传说中，哈耳摩尼亚（Αρμονίας）是卡德摩斯（Κάδμος）的妻子，底比斯的创建者。哈耳摩尼亚这个名字的词义是"和谐"，苏格拉底在此处开玩笑，把西米亚斯和克贝比作两位传说人物，对付了哈耳摩尼亚以后，现在必须对付卡德摩斯（克贝）。

它从前存在了很长时间，【d】它知道很多，行动很多，由于这个原因，使它不再是不朽的；确实，它进入人体就是它毁灭的开始，就像得了疾病；它会痛苦地过这种生活，最终会被摧毁，我们称之为死亡。你说，就我们每个相关者的恐惧来说，一次还是多次进入肉身没有什么差别，因为对一个不傻的人来说，对此感到害怕是很自然的，如果他不知道或不能证明灵魂不朽。我认为，这就是你的断言，克贝，我经常精心加以复述，【e】为的是不想遗漏任何要点，如果你希望，可以再增加或减少一些东西。

克贝说："我现在没什么要增加或减少的。这就是我说的。"

苏格拉底停顿了很长时间深思。然后他说：【96】"你提出的问题并非不重要，克贝，因为它需要彻底考察生成与毁灭的原因。如果你希望，我会向你解释一下我在这些事情上的经历。然后，如果我说的某些事情对你有用，你可以用它来说服我们接受你的立场。"

我确实希望听你的解释，克贝说。

那就听着，克贝，我来告诉你，他说。年轻的时候，我对被他们称作自然学的智慧有着极大的热情，因为我想，要是能知道每一事物的原因那就太好了，它为什么生成，【b】为什么毁灭，为什么存在。我在考察中经常改变想法，首先遇到了诸如此类的问题：热与冷产生的某种发酵滋养生灵吗，如某些人所说？我们认为，是我们的血、气、火，或者不是这些东西，而是脑给我们提供了听觉、视觉、嗅觉，从中又产生记忆和意见，而从已经变得较为稳定的记忆和意见中产生知识，是吗？又如，当我在考察这些事物如何毁灭、天上和地下的事情如何发生时，【c】最后我相信，得出结论，我完全不具有进行这一类考察的天生的才能，对此我将给你提供充足的证据。这种考察使我变得相当茫然，乃至于对从前那些我和其他人认为我清楚地知道了的事情也不懂了，所以我不懂我以前认为我懂的事情，这种事情很多，尤其是人是怎样成长的。我从前认为，任何人显然都明白，人通过吃喝而成长，【d】食物使人成长，吃肉长肉，吃骨头长骨头，以同样的方式，适宜的部分添加到身体的其他所有部分，所以人就成长了，从原先体形较小到后来变得较大，就这样小人变成了大人。这就是我以前的想法。你不认为它是合理的吗？

我认为它是合理的，克贝说。

那么再考虑这一点：我原以为我的看法是令人满意的，【e】一个身材高大的人身旁站着一个矮个子，高个子比矮个子高一头，马也一样，一匹马比另一匹高。比这更清楚的是，十比八大，因为八加上了二，二尺比一尺长，因为二尺超过一尺的长度是它自身长度的一半。

你现在对这些事情是怎么想的呢？

宙斯在上，我远非认为自己懂得这些事情中的任何一件事情的原因。我甚至不允许自己说一加一变成二，要么是这个一被加上，要么是加上这个一，【97】或者说，一加上这个被加上的一变成二，因为这个一加到另外一个一上。我感到奇怪，当它们中的每一个相互分离的时候，它们各自是一，它们在那个时候不是二，但当它们相互接近的时候就成了二，这就是它们变成二的原因，亦即它们来到一起或被放置在一起。我也不再能被说服，说划分一样东西，【b】这种划分就是它变成二的原因，因为刚才我们说的变成二的原因正好相反。刚才的原因是它们来到一起，一个加上另一个，而现在的原因是从一里面拿走一部分，使其分离。

我不再说服自己说我懂得为什么一或其他任何事物生成、死亡或存在，用这种老的考察方法，我不接受它，而我有了自己的杂乱的方法。有一天，【c】我听某人说他从阿那克萨戈拉的一本书上读到，心灵指引一切，它是一切事物的原因。这个原因使我感到高兴，它似乎是好的，换句话说，心灵应当是一切事物的原因，我想如果是这样的话，那么起指导作用的心灵会指导一切，以最好的方式安排每一事物。因此，如果有人希望懂得每个事物的原因，它为什么会产生、灭亡或存在，【d】就得去发现它变成这样、被作用或作用的最好的方式。依据这些前提，人才适宜考察，关于这件事情和其他事情，什么是最好的。同一个人必定不可避免地也懂得什么是最坏的，因为这是同一知识的一部分。在我反思这个主题时，我高兴地认为，在阿那克萨戈拉那里，我找到了一位完全符合自己心意的关于原因问题的老师，【e】他会告诉我，首先，大地是平的还是圆的，然后他会告诉我为什么必定是这样，向我说明为什么这样最好，为什么它最好是这样的。如果他说大地位于宇宙中间，他就会具体说明为什么在中间对它来说比较好，如果他把这些事情告诉我，我就打算决不再去期望获得任何其他原因。【98】我还打算以同样的方式寻找他对其他事物的解释，太阳、月亮、其他天体、它们的相对速度、它们的转向、它们所发生的一切，还有，它们各自以什么样的方式作用或被作用是最好的。我决不会想到，说这些事物都受心灵指引的阿那克萨戈拉，会给这些事物提出其他什么原因，而不是去说明它们现在的状态对它们来说是最好的。【b】一旦把最好① 作为每一事物的原因和一切事物的最终原因，我想他会继续解释一切事物的共善，而我就不会拿我的希望去交换一种运气了。我渴望搞到他的书，尽快阅读，为的是尽快懂得最好和最坏。

这个美妙的希望马上就破灭了，在我读他的书时，我看到这个人根本没有使用心灵，也没有赋予它任何管理事物的职责，【c】而是提到气、以太②、水，以及其他许多稀奇古怪的东西作为原因。这在我看来就好像说，苏格拉底的行动全部归因于他的心灵，然后在试图说出我做的每件事情的原因时，就说我能坐在这里是因为我的身体是由骨头和肌肉组成的，因为骨头是坚硬的，从关节处分开，肌肉能够收缩和松弛，【d】肉和皮包裹着骨头，把骨头和肌肉结合在一起，还有，骨头悬挂在关节上，肌肉的收缩和松弛使我的肢体能弯曲，这就是我能够弯曲我的肢体坐在这里的原因。

还有，他会提到我跟你谈论过的其他诸如此类的原因：声音、气、听，成千上万这样的东西，但他就是不提真正的原因，这个原因就是雅典人决定判我有罪，认为这样比较好，【e】由于这个原因，我认为我最

---

① 好（ἀγαθὸν），中性形容词，用于判断事物好坏时译为“好”，用于道德判断时译为“善”，该形容词的最高级 βέλτιστος 译为“最好”“最善”或“至善”。

② 以太（αἰθήρ），纯洁的气，参阅本篇109b。

好坐在这里，更正确地说是待在这里接受他们下令要对我进行的任何惩罚。我以神犬的名义起誓，我的这些肌肉和骨头也可以很早以前就在麦加拉，【99】或者在波埃提亚①人中间了，我的信念会带着它们去那里，只要我认为这样做是最好的过程，不接受城邦下达的任何惩罚更正确、更高尚，我应当逃走。把这些东西称作原因真是太荒唐了。如果有人说没有这些骨头、肌肉，以及所有这样的事物，我就不能做我决定要做的事，那么这样说是对的，但说它们就是我所做的事情的原因，而不说我选择的那个最好的过程是原因，我在按我的心灵采取行动，【b】那么这样说非常懒惰，很不准确。你们可以猜想一下这里面的问题，这就是不能区分事物的真正原因和那些缺了它们原因就不能作为原因来行动的事物。许多人会这样做，就像人们在黑暗中摸索；他们把黑暗称作原因，给了它一个并不属于它的名称。这就是为什么有人说围绕大地的是漩涡，诸天使大地停留在这个地方，【c】有人则说大地依托气，气就像一个大锅盖。他们有可能提到这些事物存在于最佳位置的能力，但这不是他们想要寻找的，他们也不相信它有任何神圣的力量，他们相信有一天能够发现一个更加强大、更加永久的阿特拉斯②，更好地把一切事物结合在一起，他们不相信是"真好"和"捆绑"在约束它们，使它们结合在一起。任何人教导说有这样一种原因在起作用，我都乐意成为他的门生。然而，由于我所学不多，自己不能发现它，【d】向别人又学不到，所以我想了一个第二好的办法，你想听我给你解释我是如何忙着探寻这个原因的吗，克贝？

我比其他所有人都更愿意听，他说。

在那以后，他说，在我对考察事物已经厌倦的时候，我想我一定要

---

① 波埃提亚（Βοιωτία），地名。

② 阿特拉斯（Ἄτλας），古希腊神话中的一位老神，背负天柱。亦为提坦巨人之一，死后变成一座大山，胡须和头发变成森林，头变成山顶，在世界的尽头顶着天上的繁星。欧洲人常用他手托地球的形象装饰地图集，并称地图集为阿特拉斯。

小心回避那些观察日蚀者的经验，【e】因为他们中有些人伤了眼睛，除非他们通过水或其他质料的反射来观看。我心里有了类似的想法，我担心我的灵魂会完全瞎了，如果我用我的眼睛观察事物，试图用我的各种感官去把握它们。所以我想要找一个避难所，以语词为工具讨论和考察事物的真理。但这个比喻也许不恰当，【100】因为我肯定不承认以语词为工具考察事物的人会比观看事实的人更多地处理图像。然而，我以这样一种方式开始：在每一场合，把对我显得最令人信服的关于原因和其他事情的理论拿来作为我的前提，凡与此相合的，我会把它们视为真的，凡与此不合的，我会把它们视为不真。但我想把自己的意思说得更清楚些，因为我不认为你现在已经听懂了。

不，宙斯在上，克贝说，我不太懂。

【b】他说，我的意思是这样的。我的这些想法没什么新颖之处，但我决不停止谈论，我在别处谈过，在我们谈话的前半部分也在说。下面我尝试着把我本人关心的这种原因告诉你。我掉转头来谈这些常被人提及的事物，从它们开始说起。我假定美、美本身、大，以及其他所有同一类事物是存在的。如果你们同意我这样做，同意它们是存在的，那么我希望能把作为讨论结果的这个原因告诉你，从而发现灵魂是不朽的。

【c】你就说吧，我同意你这样做，克贝说，我急着想听到你的结论。

那么请考虑，他说，看你们是否也有我下面说的这些看法，因为我想，如果有任何美的事物在美本身之外，那么它之所以美的原因就在于它分有美本身，我对其他一切事物也可以说这样的话。你们同意这一类原因吗？

我同意。

【d】我不再去理解或承认其他那些精致的原因，如果有人对我说一个事物之所以是美的，乃是因为它有绚丽的色彩、形状或其他这样的东西，我都将置之不理——因为所有这些说法都令我困惑——我只是天真地、或者也许是愚蠢地坚持这样一种观点，一样事物之所以是美的，乃是因为美本身呈现在该事物中或者该事物分有美本身，或者你们可以描述该事物与我们提到的美的联系，因为我不会坚持这种联系的精确性质，而会坚持由于美本身一切美的事物才是美的。我想，【e】这是我能给你和其他人的最保险的回答。如果我坚持这一点，我想我就决不会陷入谬误。对我和其他人来说，这是我们能提供的保险的回答，亦即由于美本身，美的事物才成为美的。或者说，你不这样想？

我这样想。

那么，由于大本身，大的事物是大的，较大的事物是较大的，由于小本身，较小的事物是小的吗？

是的。

那么，你不会接受这样的说法，【101】一个人比另一个人高一个头是由于"头"，这个矮的人之所以较矮也是由于同样的原因，你会提供证据说你的意思无非就是，一切较大的事物成为较大是由于大本身，这就是事物是较大的原因，一切较小的事物成为较小的是由于小本身，这是事物较小的原因。如果你说一个人较高或较矮的原因是"头"，我想你会害怕遭到某些相反的论证的驳斥：首先，较大的事物较大、较小的事物较小，其原因是相同的；【b】其次，较大的事物较大是由于"头"，而头是小的，这很奇怪，也就是说某个较大的人由于某个较小的事物而成为较大的。你不害怕这个论证吗？

我肯定害怕，克贝笑着说道。

那么，你会害怕说十比八大的原因在于二，二是大的原因，而会说数量是大小的原因，事物的大小是由于数量，或者你会害怕说二尺比一尺大一半的原因是一半，而会说是由于大本身，这里面的害怕是相同的。

当然。

那么，你不会避免说一加一，增加是二的原因，【c】一分为二，划分是二的原因吧？你会响亮地宣称，除了分有某个它分享的本体，你不知道每一事物是怎样生成的，就这些例子而言，除了分有二本身，你不知道还有其他变成二的原因，就如要成为一必须分有一本身，你会把增加、划分，以及其他微妙的原因打发掉，留给那些比你聪明的人去回答。而你，【d】如他们所说，害怕自己的影子和缺乏经验，会紧紧把握你的安全的前提来提供回答。如果有人攻击你的前提本身，你会漠视他，在你考察后续的推论是否与前提一致、相互之间有无矛盾之前，你不会回答他们的攻击。当你必须为你的前提本身提供解释时，你会以同样的方式开始：你会假设另一个前提，【e】这个前提在你看来是那些较高的前提中最好的，直到你得到某些可接受的东西，但是，如果你希望发现真理，你在同时讨论前提和它的推论时不能像争论者那样把两样东西混为一谈。这些人根本不讨论这一点，也不思考这个问题，【102】但他们的智慧使他们把一切都混杂在一起，只要能使他们自己高兴，但若你是一名哲学家，我想你会按我说的去做。

你说得非常对，西米亚斯和克贝齐声说。

厄　对，宙斯在上，斐多，他们是对的，我认为苏格拉底把这些事情说得非常清楚，哪怕是一个理智有限的人也能明白。

斐　是的，确实如此，厄刻克拉底，所有在场者也都这么想。

厄　我们也这样想，我们这些人不在场，但现在听到了。你们后来又说了些什么？

斐　我记起来是这样的，在上面的观点被接受以后，【b】大家同意存在着各种"型"①，其他事物获得它们的名称是由于分享它们，苏格拉底接下去问：如果你说这些事物是这样的，那么当你说西米亚斯比苏格拉底高、但比斐多矮的时候，你的意思难道不是在西米亚斯身上既有高又有矮吗？

我是这个意思。

但是，他说，你同意"西米亚斯比苏格拉底高"【c】这个陈述的语

---

① 型（εἰδώς），柏拉图哲学的核心概念，源于希腊文动词 εἴδω（看、知）。柏拉图在对话中交替使用型和相（ἰδέα），其意义没有严格区别。中国学者对这两个词有多种译法：理型、埃提、理念、观念、概念、形、相、形式、意式、通式、原型、理式、范型、模式、榜样、模型、式样。其中最流行的译法是理念。译者接受我国学术界的研究成果，在各处酌情分别译为"型"或"相"。《斐多篇》中的这个范畴统译为"型"。上文中所说绝对的善、绝对的美、绝对的大，或善本身、美本身、大本身指的都是"型"。

词不表达事情的真相吗？西米亚斯比苏格拉底高，肯定不是因为西米亚斯的本性，因为他是西米亚斯，而是因为他正好拥有高的性质吗？他比苏格拉底高的原因也不是因为苏格拉底是苏格拉底，而是因为与其他人的高的性质相比，苏格拉底拥有矮的性质。

对。

他比斐多矮的原因也不是因为斐多是斐多，而是因为与西米亚斯的矮的性质相比，斐多拥有高的性质。

是这样的。

【d】所以，西米亚斯被称作既是矮的又是高的，介于二者之间，当他被一个人的高的性质征服时，他显出矮的性质，当他的高的性质征服其他人的矮的性质时，他显出高的性质。说完这句话，苏格拉底笑道，我说的有点像念书，但事实确实如我所说。其他人都表示同意。

我的目的是让你们同意我的看法。在我看来，不仅高本身决不愿意同时既高又矮，我们身上的高的性质也决不接受矮或被矮征服，【e】这样就会发生两种情况：要么高在它的对立面向它逼近时，高逃跑或退却；要么高由于矮的逼近而被摧毁。高不愿意忍受和接受矮，并变成与其原先不同的另一样事物，而我接受和忍受矮，但仍旧保持是同一个人，是这个矮人。而高的性质，由于是高的，不能冒险成为小的。【103】以同样的方式，我们的矮不愿意变成高，或者一直成为高，其他任何对立物在仍旧是它自己的时候，也不会愿意变成或者是它的对立面；当这种事情发生时，它要么离开，要么被摧毁。

我完全同意，克贝说。

当他听到此话时，在场者——我记不清他是谁了——有人说："众神在上，我们在前面的讨论中①不是同意现存事物来自它们的对立面吗，亦即较大者来自较小者，较小者来自较大者，这也就是在说对立面如何生成，对立面来自它们的对立面，而现在，我想按照我们现在所说的，这种情况决不会发生？"

————————

① 指前文 70d—71a。

听了这番话，苏格拉底转过脸去对插话者说："你勇敢地提醒了我们，【b】但你不明白我们现在说的和前面说的有什么区别，我们前面说的是对立的事物来自它的对立面，我们现在说的是对立者本身决不会变成与其对立的那个对立者本身，无论是我们身上的对立者，还是自然中的对立者。所以，我的朋友，我们原先谈论的是具有对立性质的事物，用这些性质的名称称呼这些事物，但是现在我们谈论的是这些对立者本身，由于对立者本身在这些事物中的呈现，事物才得到它们的名称，【c】而对立者本身决不会容忍相互生成。"他看着克贝说："这个人说的话让你也感到有什么不安吗？"

现在还没有，克贝说，但我不否认有许多事情让我感到不安。

那么我们完全同意，他说，对立者决不会与其自身对立。

完全同意。

那么请考虑，看你是否也同意下面这一点。有某样东西你称为热，有某样东西你称为冷。

有。

它们与你称为雪和火的东西一样吗？

【d】宙斯在上，不一样。

所以热是火以外的某个事物、冷是雪以外的某个事物吗？

是的。

我相信你认为，是雪的这个事物不会接受热，如我们前述，而依然是其所是，雪仍是雪，热仍是热，而当热逼近雪时，它要么在热面前撤退，要么被摧毁。

是那么回事。

所以火，在冷逼近时，要么逃走，要么被摧毁；它决不会冒险接受冷，而依然是其所是，火仍是火，冷仍是冷。

【e】你说的是对的。

那么，对这些事物中的某一些也可以这样说，不仅有永远配得上它自己的名称的型本身，还有那些不是型、但有其存在特点的事物。也许我能把我的意思说得更清楚些："单"必定总是赋予我们现在提及的这个事物的名称，不是这样吗？

当然是。

【104】它是存在的事物中唯一被称作单的事物吗？——这是我的问题——或者说除了单本身之外还有其他一些事物也必定总是被称作单，这些事物也还有它自己的名字，因为它具有这样的性质，决不会与单分离？我的意思可以用三这个数字来说明，其他例子也还有很多。考虑一下三：不仅肯定可以一直用它自己的名称来称呼它，而且也可以把它称作单，而单和三不是同一的，你不这样认为吗？这是三的性质，也是五的性质，【b】也是所有数字中的一半具有的性质；它们中的每一个都是单，但它不是单本身。同理，二、四，以及整个数列中间隔一位出现的数，它们中的每一个，在不能与"双"本身等同时，始终是双。你不同意吗？

当然同意。

你瞧！我想要说清楚的事情是这样的：不仅那些对立者本身不会相互接纳，而且那些相互之间并不对立、但其自身总是包含对立的事物也是这样，这些事物不接受那些与其自身中的型对立的型；当它逼近时，它们要么灭亡，要么逃跑。【c】我们不是该说，三在变成双数之前，在它仍然是三的时候，将要灭亡或承受任何事情？

那是肯定的，克贝说。

然而，二确实不是三的对立面？

确实不是。

那么，不仅对立的型不接受它的对立者的逼近，而且其他事物也不接受它的对立者的进攻。

很对。

那么你想要我们，要是我们能做到，界定一下这些事物吗？

我肯定想。

【d】它们是被任何占据它们的事物所驱逐的事物，它们不仅包含事物的型，而且也总是包含某些与这些事物的型对立的型？

你这是什么意思？

就是我们刚才说过的那个意思，你肯定知道三的型占领的事物必定不仅是三，而且也是单。

当然。

我们说与获得这一结果的型相对立的型决不能到它这里来。

不能。

那么在这里起作用的是单这个型吗？

是的。

与之对立的是双的型吗？

是的。

【e】所以双的型决不会进入三。

决不会。

所以，三不会分有双吗？

决不会。

所以，三是非双。

是的。

至于我刚才说我们必须界定，那就是，哪一类事物，虽然不是某事物的对立者，并不与某事物对立，然而不接受对立者，就像三这个例子一样，尽管它不与双对立，【105】然而它不接受双，因为它总是带着双的对立面①；二与单、火与冷，以及其他大量事物也是这样，看你是否会这样界定，对立者不仅不接受它的对立面，而且会携带某些对立者进入它占据的事物，携带这些对立者的事物也不会接受与其相对立的事物。为了更新一下你的记忆，让你多听几遍没有什么坏处。五不接受双的型，它的双倍是十，十也不接受单的型。双倍本身是其他事物的对立面，然而它不接受单的型。【b】一点五和其他这样的分数不接受"整全"的型，三分之一也不接受，等等，如果你跟得上我，同意我的意见。

我完全同意你的意见，克贝说，我跟得上。

从头开始，把你的看法再告诉我，他说，不要像回答问题似的，要

---

① 双的对立面是单。

像我做的这样。我说除了我一开始说过的那个保险的回答以外，我看到了另一个保险的回答。如果你问我，什么东西进入身体，【c】使身体发热，我的回答不会是那个保险而又无知的答案，亦即热，而是我们现在的论证提供的一个更精致的答案，亦即火；如果你问什么东西进入身体，使身体得病，我不会说疾病，而会说发烧。如果问一个数字中的什么东西呈现使它成为单，我不会不说单而说一，其他事情也一样。现在来看你是否充分理解我想要你理解的意思。

相当充分。

那么回答我，他说，什么东西呈现在肉体中，使它成为活的？

灵魂。

【d】始终这样吗？

当然。

灵魂无论占据什么东西，总是给它带来生命吗？

是的。

生命有无对立面？

有。

是什么？

死亡。

那么，要和我们前面已经说的一致，灵魂决不接受它携带的东西的对立面？

确实如此，克贝说。

好吧，我们把那个不接受双的型的东西称作什么？

非双。

我们把不接受正义和不接受音乐的东西称作什么？

【e】非音乐，另一个叫非正义。

很好，不接受死亡的叫什么？

不死。

灵魂不接受死亡吗？

不接受。

所以灵魂是不死的。

对，灵魂不死。

很好，他说。我们可以说这已经得到了证明，你怎么认为？

相当恰当地得到了证明，苏格拉底。

好吧，克贝，他说，如果非双必定是不可摧毁的，【106】那么三肯定也是不可摧毁的吗？

当然。

如果非热必定不可摧毁，那么每当任何携带热的事物趋向雪，它会安全地退却而不融化，因为它不能被摧毁，也不会待在原处接受热吗？

你说的是对的。

同理，如果非冷是不可摧毁的，那么当某种冷攻击火的时候，它既不会熄灭，也不会被摧毁，而会安全地退却。

必然如此。

【b】那么对不死也必须说同样的话吗？如果不死的东西也是不可毁坏的，那么当死亡逼近的时候灵魂不可能被摧毁。因为这样说与我们已经说过的一致，灵魂不接受死亡，或灵魂是不死的，这就像三，我们说，三不是双，单也不是双；火不是冷，火中的热也不是冷。但有人会说，【c】什么东西在阻止单在不变成双的时候被摧毁，换言之，什么东西在阻止双在不变成单的时候被摧毁？如果非双不是不可摧毁的，那么我们就不能坚持对这个人的反对意见，他说非双是可摧毁的。如果我们同意非双是不可摧毁的，那么我们很容易坚持，在双到来的时候，单和三已经隐退了，对火、热，以及其他事情，我们也能持同样的看法。

肯定能。

【d】所以现在，如果我们同意非死是不可摧毁的，那么灵魂除了是非死以外，是不可摧毁的。如果不是这样，我们需要另一个论证。

进到这一步，不需要另一个论证了，如果永久延续的不死者会接受摧毁，那就没有任何东西能抵抗摧毁了。

所有人都会同意，苏格拉底说，神、生命的型，以及任何不死的事物，决不会被摧毁。

宙斯在上，所有人都会同意这一点，我想，众神更是如此。

【e】如果不死是不可摧毁的，那么灵魂，如果它是不死的，也会是不可摧毁的吗？

必定如此。

那么，当死亡降临人的时候，死去的似乎是他的有死的部分，这部分屈从死亡，给死亡让出位置，而他的不死的部分安全地离开，它是不可摧毁的。

好像是这样的。

【107】那么，克贝，他说，灵魂是最不死的和不可毁灭的，我们的灵魂真的会在地下世界居住。

对这些我没有什么更多的反对意见要说了，苏格拉底，克贝说，我也不怀疑你的论证。如果在这里的西米亚斯，或其他人，有什么要说，他也不会保持沉默，因为我不知道今后还有什么机会比现在更好，如果他想说什么，或者想听有关这些主题的任何意见，他都可以提出来。

当然，西米亚斯说，对已经说过的这些事情，我本人没有其他理由可提出怀疑；然而，由于我们的主题的重要性和我带着人性弱点的卑微的看法，【b】对我们已经说了的这些事情，我私下里仍旧感到有些悲哀。

你这样说是对的，西米亚斯，苏格拉底说，但我们最初的假设需要更加清晰的考察，哪怕我们发现它们令人信服。如果你恰当地分析它们，我想，你会尽力追随这个论证，等到结论也清楚了，你就不需要进一步探讨了。

没错。

【c】先生们，你们现在可以这样想，如果灵魂是不朽的，那么它不仅在被我们称作我们的生命的这段时间，而且在所有时间都需要我们的关心，如果灵魂得不到关心，那么人处在可怕的危险之中。如果死亡逃避一切事物，这对邪恶者来说倒是一种极大的恩惠，因为他们不仅摆脱了肉体，而且也摆脱了他们的邪恶与灵魂。【d】但是现在灵魂好像是不朽的，除了尽可能变好和变聪明以外，灵魂不能逃避邪恶或得到拯救，因为灵魂要去地下世界，它能带去的只有它的教育和成长，据说这些东西会给死者带来最大的好处或伤害，就在去那边的旅程开始的时候。

据说人死的时候，他命中注定的那个保护他的精灵开始引导他进入某个地方，【e】而那些已经在那里聚集的灵魂，在接受审判以后，必定会在一位向导的带领下开始前往地下世界，这位向导负有引导它们前往那里的责任。经历了它们必须经历的事情，在那里待够了规定的时间以后，在很久以后，会有另外一位向导把他们再带回来。【108】这个旅程不像埃斯库罗斯的《忒勒福》①所描述的那样。他说只有一条路通往哈得斯，而我认为通往哈得斯的路不是只有一条，也不是笔直的，否则就不需要向导了；如果只有一条道，就不会有人迷路了。那里好像有许多条岔路和十字路口，我根据世上那些圣仪和习俗得出这个判断。

这些守规矩的、聪明的灵魂跟着向导走，它们对路上的景色并不陌生，而那些深深依附肉体的灵魂，【b】如我从前所说，长期围着肉体和这个可见的世界盘旋，在作了许多抵抗和受了许多痛苦之后，不得不被指定的看护它们的精灵领走。有过许多不洁行为的不洁的灵魂与那些卷入不公正的杀戮、或犯有其他罪行的灵魂在那里汇合，这些罪行是同类的，是这种灵魂的行为，其他灵魂碰到它们转身而去，唯恐避之不及，【c】不愿与之同行或给它们引路；这样的灵魂孤独地漫游，完全迷失方向，直到某个确定的时候来临，被迫领着去它们恰当的居处。而那些过着纯洁、节制生活的灵魂找到同行者和众神的指引，每个灵魂都住在适合它们的地方。

大地有许多奇怪的地方，大地本身在性质和大小方面不像曾经讨论过这些问题的人所说的那样，而像此人说的这样，他的看法令我信服。

【d】西米亚斯说，你这样说是什么意思，苏格拉底？我本人也听说过许多关于大地的事情，但肯定不是你信服的这样。我很乐意听你说说这些事情。

说实话，西米亚斯，在我看来，要把这些事情告诉你不需要格劳

---

① 埃斯库罗斯（Αἰσχύλος），公元前 525—前 456 年，古希腊著名悲剧作家，其作品《忒勒福》（Τήλεφος）已佚失。

科斯① 的技艺，要想证明它们为真则需要更多的技艺，我可能做不到。还有，即使我有这种知识，我剩余的时间恐怕也不够讲这个故事了。【e】然而，没有什么可以阻止我告诉你，令我信服的是大地的形状和它有哪些区域。

能听到这些也就够了，西米亚斯说。

【109】那么好，他说，我信服的第一件事情是，如果大地是位于诸天中间的一个圆面，那么它不需要气或其他什么力量来防止它下坠。诸天在所有方向上具有的相同性质和大地本身的平衡足以支持它，因为处在同质的某事物之中的平衡的物体比其他任何东西都不容易向某个方向倾斜，而会保持不动。他说，这就是我被说服的第一个要点。

应该是这样的，西米亚斯说。

其次，大地很大，我们生活在从费西斯河② 到赫拉克勒斯柱石③ 的一个很小的滨海地区，【b】就像蚂蚁或青蛙围着池塘在池畔居住；许多其他民族也住在大地的众多这样的区域。大地有无数洞穴，形状大小各异，水、雾、气汇集到这里。大地本身是纯洁的，平躺在纯洁的天空中，天空中繁星点缀，大多数讨论这些主题的人把纯洁的气称作以太。【c】水、雾、气是以太的残渣，它们不断流入大地的洞穴。我们居住在大地的洞穴中，却不明白这一点，以为自己住在上面，住在大地的表面。这就像有人住在大洋深处，却以为自己住在大洋表面。透过海水看见太阳和其他天体，【d】他会以为大海就是天空；由于他的迟缓和虚弱无力，他从来没有抵达大海的表面，或把他的头伸出水面，或者离开大海，到我们住的这个地方来，他没见到这个地方比他自己的那个区域更纯洁，更美丽，他也从来没有从见到过的人那里听说过它。

我们的经验是相同的：我曾住在大地的某个洞穴中，却相信自己住

———————

① 格劳科斯（Γλαύκος），希腊神话中的海神，擅长预言。

② 费西斯（Φάσιδος），河名。

③ 直布罗陀海峡东端两岸的两个岬角——欧洲的直布罗陀和非洲的穆塞山，被称为"赫拉克勒斯柱石"，相传由希腊神话英雄赫拉克勒斯置于此地。

在大地的表面；我们把气称作诸天，星辰好像是在天上穿行；还有一点
也是相同的，由于我们的迟缓和虚弱无力，【e】我们不能抵达天空的顶
端；如果有人能抵达它的顶端，或者长上翅膀飞到那里，把他的头伸向
天外，就像海中的鱼伸出头来看我们住的区域，那么他会看见那里的事
物，如果他的本性能够承受对它们进行沉思，那么他会知道，【110】这
才是真正的天空、真正的光明、真正的大地，因为这里的大地、这些石
头、整个地区，都是腐烂的，被侵蚀了的，就像海中的一切都受到咸水
的侵蚀。

有人会说，海里生长的东西都不值一提，因为那里没有哪样东西是
充分生长了的；凡是有土的地方就有洞穴、沙子、无边无际的烂泥，无
法以任何方式与我们居住的区域相比美。所以轮过来，上面的事物远优
于我们知道的事物。【b】确实，如果现在是讲故事的恰当时候，西米亚
斯，那么诸天之下大地表面的这些事情的性质值得一听。

西米亚斯说，不管怎么说，我们很乐意听这个故事。

那么好，我的朋友，首先，据说大地从上往下看就像那些用十二块
皮缝制的圆形的球；它有许多种颜色，有关这些颜色，【c】我们的画家
使用的颜色可以给我们一些提示；整个大地有这些颜色，但比这些颜色
更明亮，更纯洁；一部分是海蓝的，极为美丽，一部分是金黄的，还有
一部分是白的，比粉笔和雪更白；大地还有其他颜色，比我们见过的颜
色数量更多，更加绚丽。大地的这些洞穴里充满水和气，【d】呈现出它
们自己的颜色，在多种颜色中闪现，整个大地看上去色彩绚丽，连绵不
绝。大地的表面生长着美丽的植被，树木、花朵、果实，还有小山和石
头，平滑、透明、多色，极为艳丽。【e】我们这里的宝石，玉髓、碧玉、
翡翠，等等，只是一些碎片。而那里的所有石头全都是宝石，甚至更加
美丽。原因是那里的石头是纯洁的，不会因浸泡而腐蚀或腐烂，或者被
流入这里的洞穴的水和气侵蚀；这里的水和气给土、石、动物、植物带
来疾病，使之变得丑陋。【111】所有这些事物，还有金、银和其他金属，
装饰着大地本身。这些东西数量众多，到处浮现，所以大地是有福者的
美景。大地上有许多生灵，还有人，有些住在内陆，有些住在天边，就

像我们住在海边一样，还有些住在岛上，有气环绕，但是接近大陆。【b】
总之，在我们这里是水和海，在它们那边是气，在它们那边是以太，在
我们这里是气。那里的天气使它们不会生病，它们的寿命也比这里的
人长得多；它们的视觉、听觉、理智，以及其他所有能力，都比我们优
越，就如在纯度方面气优于水，以太优于气；它们有奉献给众神的圣地
和神庙，众神真的居住在那里，【c】众神用语言、预言、视觉和它们交
际；它们看见了太阳、月亮、星辰本身，它们的其他幸福也与此相应。

　　这就是整个大地及其环境的性质。围绕着整个大地，有许多地区处
在洞穴中；有些地区比我们居住的地区更低，更开阔；有些地区比我们
居住的地区低，有狭窄的入口；还有一些不那么低，但更加开阔。【d】
所有这些地方都通过地表下的各种宽窄不同的渠道连在一起，这样也就
有了许多出口，通过这些出口，大量的水从一处流向另一处，就像注入
搅拌用的大碗；大地底下，热的和冷的水形成的巨大河流永久流淌，那
里还有许多火，形成巨大的火河，【e】还有许多潮湿的岩浆，有些比较
清，有些比较混，就好像西西里的熔岩流动形成泥石流。这些泥石流所
到之处会把各个地区由于大地震荡所产生的沟壑填平。这些震荡的自然
原因是这样的：大地有一个最大的洞穴，【112】贯穿整个大地，它就是
荷马提到的"那地方很深，是大地最深的坑……，"[1] 而他在别处，他和
许多诗人都称之为塔塔洛斯[2]；所有河流都注入这个深渊，又从那里流
向各处，【b】每条河受到它流经的土地的性质的影响。它们流进流出塔
塔洛斯的原因在于水是没有根基的，或者说水没有坚实的基础，它上下
震荡波动，与水在一起的气和风也一样，随着水从大地的一个地区流到
另一个地区。就像人的呼吸，不停地呼出和吸进气，所以在这里，气在
一进一出的时候随着水的波动产生可怕的大风。【c】每当退却到我们所
谓的大地较低的部分，水流入这些部分，把它们灌满，就好像水被吸进
来了；水从这些部分退却以后，还会有水再进来，这些部分还会流淌通

---

[1]　荷马：《伊利亚特》8：14；参阅 8：481。

[2]　塔塔洛斯（Τάρταρος），希腊神话中的地下世界，地狱。

过那些渠道来的水，这些渠道穿过地表，可以到达其他地方，流经这些渠道的水创造出海、沼泽、河、泉。从那里，【d】水还会再次在大地下面流动，有些围着许多比较大的地区流动，有些围着比较小、比较低的地区流动，然后流回塔塔洛斯，有些水坠落的地点比原来喷发出去的地方深，有些水坠落的地点变化不大，但总的说来都会比喷发出去的地点深一些；有些水坠落到深渊的对面，有些则仍在同一面；有些水在大地上一次或多次绕行，就像蛇一样，然后落得极深，再返塔塔洛斯深渊。水从各个方向坠入深渊，【e】乃至于触及中心是可能的，但不可能超过深渊的中心，因为面对从两面流来的河流的深渊的这个部分是陡峭的。

此外还有众多其他大河，它们中有四条值得注意，最大的一条在大地外面流淌的是环形的，被称作俄刻阿诺①；它对面朝相反方向流动的一条大河叫做阿刻戎②；【113】它流经许多沙漠地区，然后穿越地下抵达阿刻卢西亚湖③，大部分灵魂在肉身死后会来这里，在那里待一段时间，或长或短，等候一个既定的时刻，然后再被送出去投胎。第三条河位于这两条河之间，它的发源地接近一个燃烧着大火的地区，【b】那里有一个比我们的海还要大的湖，炽热的水和泥浆在里面沸腾。污浊的泥浆和熔岩从那里流出来，形成了这条环形的河，它流经之处有大风伴随，流经许多地方后直抵阿刻卢西亚湖边，但没有与那里的湖水混合，而是在地下涌动多次后注入塔塔洛斯；这条河被称作皮利福来格松④，它的熔岩流动着把碎片抛撒在大地的各个部分。【c】第四条河在这条河的对面，被称作斯提吉亚⑤，据说它首先流入一个可怕的蛮荒之地，那里灰蒙蒙的一片，由这条河的河水流入而形成的湖被称作斯提克斯⑥。由于它的水的作用，灵魂坠入湖中能获得可怕的力量；这条河在风的伴随

---

① 俄刻阿诺（Ωκεανός），希腊神话中环绕大地的大洋河，亦为大洋神的名字。
② 阿刻戎（Αχέρον），希腊神话中的冥河，亦为摆渡亡灵去冥府的船夫之名。
③ 阿刻卢西亚湖（Αχεροσιαδος），希腊神话中的冥间湖泊。
④ 皮利福来格松（Πυριφλεγέθοντι），希腊神话中的地下火河。
⑤ 斯提吉亚（Στύγια），希腊神话中围绕地下世界的河流，水黑难渡。
⑥ 斯提克斯（Στύξ），湖名，柏拉图此处的说法与希腊神话中的说法有所不同。

下潜入地下，它流淌的路线与皮利福来格松河相反，会流到阿刻卢西亚湖的对面；它的水不会与其他水混合，它也是环形的，最后流到皮利福来格松河的对面坠入塔塔洛斯。诗人告诉我们，这第四条河的名字叫考西图斯①。

【d】这就是这些事物的性质。死者到达那个地方以后，各自被看护他的精灵领走，首先要被交付审判，看它们以前是否过着善良和虔诚的生活。那些生活被裁定过的不好不坏的灵魂启程去阿刻戎，它们在湖边上船，被送往湖中。它们在那里居住，【e】先前若犯有任何罪行，要在那里接受惩罚来洗涤罪恶；它们各自也会为它们先前的善行得到一份相应的奖励。那些曾经犯下重罪的灵魂，比如盗窃圣物、邪恶违法地杀人，以及其他恶行，被视为不可救药的——它们的恰当命运是被扔下塔塔洛斯深渊，再也不能出来。那些被认为犯有重罪但仍可挽救的灵魂，比如一时冲动之下冒犯了父母，【114】但后来忏悔了，又比如在冲动的时候杀了人，这些灵魂必须扔进塔塔洛斯，但一年以后它们会从波涛里再冒出来，犯了杀人罪的灵魂会去考西图斯河，对父母施暴的灵魂会去皮利福来格松。当它们随波逐流来到阿刻卢西亚湖边的时候，它们大声哭喊嚎叫，喊着一些名字，有些是被它们杀害的人，有些是被它们虐待的人，【b】乞求能允许它们进入湖中，乞求能接受它们。如果说服成功了，那么它们就进入湖中，对它们的处罚也就到头了；如果说服不成功，它们会被带回塔塔洛斯，从那里再去各条河流，这个过程不会停止，一直到它们成功说服受害者，这就是审判官给它们指定的惩罚。

【c】那些被认定以往过着一种极为虔诚生活的灵魂会得到解放，会从大地的这些区域被释放，就像从监狱里被释放；它们启程向上去一个纯洁的居所，在大地表面生活。这些灵魂用哲学充分洗涤过自己，它们今后的生活是没有肉身的；它们甚至可以启程去一些更加美丽的地方居住，这些地方很难描述清楚，我们现在也没有时间这样做了。由于我们

---

① 考西图斯（Κωκυτός），冥河名，关于地下世界、冥府、地狱的描述，参阅《奥德赛》10：511以下，11：157。

已经讲述过的这些事情，西米亚斯，人在今生必须尽力获取美德和智慧，因为他以后能获得的奖赏是美好的，希望是巨大的。

【d】没有一个聪明人会坚持认为我说的这些事情是真的，但我认为人值得冒险相信它——因为这种冒险是高尚的——也就是说，这件事，或其他相似的事，对我们的灵魂和它们的住处来说是真的，因为灵魂显然是不朽的，人应该向自己反复讲述这件事，就好像念咒语，这就是我拉长了我的故事的原因。【e】这就是一个人可以为他自己的灵魂感到高兴的原因，如果他在活着的时候漠视身体的快乐和身体的装饰物，这些东西带来的损害大于好处，通过学习的快乐认真关心他自己，不是用外在的东西装饰灵魂，而是用它自己的饰品，【115】亦即节制、正义、勇敢、自由、真理，在这种状态下等候去地下世界的旅行。

苏格拉底继续说，好吧，你们，西米亚斯、克贝，还有其他人，都会在某个时间各自去去做这种旅行，而我命中注定的那一天现在已经在召唤我了，就像某个悲剧中的人物说的话，现在我该去洗澡了，我认为在喝毒药以前洗个澡比较好，省得给那些妇女添麻烦来洗我的尸体。

【b】苏格拉底说完这些话以后，克里托说话了。很好，苏格拉底，关于你的孩子或其他什么事情，你还有什么要交待我和其他人的？我们怎样做能让你最高兴？

没什么新的要说了，克里托，苏格拉底说，只有我一直在跟你说的那件事，无论做什么事情，都要关心你自己，这样做就会让我高兴，也会让你自己高兴，哪怕你现在不同意我的看法，但若你否定你自己，【c】不愿沿着我们现在说的和过去许多场合说过的道路前进，那么哪怕你现在更加强烈地和我的看法保持一致，你亦将一无所获。

我们一定尽力按你的吩咐去做，克里托说，但我们该如何埋葬你呢？

随你们的便，苏格拉底说，如果你们能抓住我，而我也不想逃离你们。他偷偷地笑了，看着我们说：我没有说服克里托，【d】我就是坐在这里和你们说话、要你们做这样做那样的苏格拉底，而他认为我是一样东西，是他马上就会看到的这具尸体，所以他问该如何埋葬我。我已经说了很长时间，说了很多话，我说等我喝下毒药，我就不能和你们在一起了，我就要离开你们，去享受有福者的好运，我试图让你们放心，也让我自己放心，但我对他说的所有的话似乎都白费了。他说，你们代我向克里托担保，这项担保与他向审判团作的担保正好相反。他担保我会待在这里，【e】你们必须担保我死了以后不会待在这里，而是离开，这样的话，克里托比较容易做到他的担保，不会在看到我的尸体被烧了或者被埋了的时候生我的气，就好像我正在承受可怕的痛苦，他也不会在葬礼上说他正在搬或抬出去埋的是苏格拉底。我亲爱的克里托，你非常明白，不能很好地表达自己的意思不仅是一种错误，而且会给灵魂带来伤害。你必须高兴一点，【116】说你正在埋的是我的尸体，你可以按你喜欢的方式去埋，最能合乎习俗就好。

　　说完这些话，苏格拉底起身去另一个房间洗澡，克里托陪他一道进去，让我们在外等候。所以我们待在那里，相互之间交谈，就已经说过的提问，然后又说起降临于我们的巨大的不幸。【b】我们都感到像是失去了一位父亲，我们的余生都成了孤儿。苏格拉底洗澡的时候，他的孩子来见他——他的儿子有两个还很小，一个要大一些——他家里的那些妇女也来了。他当着克里托的面和他们说话，交待了一些事情。然后他让妇女和孩子离开，他自己又回到我们中间来。此时已近日落，因为他在里屋待了好一阵子。洗完澡后他来到我们中间坐下，和我们又交谈了一会儿，【c】典狱官的一名随从走进来，站在他面前说："我不会像责备其他人那样责备你，苏格拉底。我让他们服从我的上级的命令喝毒药的时候，他们生我的气，诅咒我。而你在这里的这段时间，我以其他各种方式知道你在所有来这里的人中是最高尚、最温和、最优秀的。所以现在我也知道，你不会给我找麻烦，你知道谁对你的死负有责任，会把你的怒火朝着他们发。你知道我来是干什么的。你一路走好，你要忍耐一下，怎么方便就怎样做吧。"【d】那名随从流着眼泪，转身走了出去。苏格拉底看着他说："你也一路走好；我们会按照你的吩咐去做。"他把脸转过来对我们说："这个人挺讨人喜欢的！我在这里的这段时间，他经常来跟我交谈，真是一个非常容易亲近的人。他为我流下眼泪是真诚的。来，克里托，让我们服从他的命令。去把毒药拿来，如果已经准备好；如果还没准备好，让那个人快点准备。"

【e】克里托说，苏格拉底，我想太阳还在山顶上闪耀，还没下山。我知道以往某些人在接到命令以后拖了很久才喝毒药，这种时候可以多吃一点，多喝一点，亲戚朋友也可以与他们亲爱的人多待一会儿。你别忙，我们还有时间。

克里托，他们这样做是很自然的，苏格拉底说，他们认为这样做能得到一些好处，【117】但对我不合适。我不指望稍晚一些喝毒药能有什么好处，我期待的是不要让我亲眼看到自己由于想活命而变得滑稽可笑，在已经没有时间的时候故意拖延。所以，照我说的去做，别拒绝我。

听了这些话，克里托向站在一旁的奴仆点头示意；那名奴仆走了出去，过了一会儿与监刑官①一道走进来，监刑官端着已经调好的一杯毒药。苏格拉底看见他，就说："噢，我的大善人，你是这方面的行家，告诉我该怎么做？"【b】他说："只要喝下去就行，然后站起来走几圈，感到两腿发沉时就躺下，毒药自己会起作用。"厄刻克拉底，监刑官把杯子递给苏格拉底，苏格拉底相当高兴地接了过来，丝毫没有惊慌，脸上也没变色，而是看着那个人，不动声色地说："我倒一点儿奠神，你看怎么样？这样做允许吗？""我们只准备了够用的"，那个人说。

【c】我明白了，苏格拉底说，但有件事我想是允许的，是必须做的，我要向众神祈祷，愿我从这里去那边的行程一路顺风。这就是我的祷告，愿我心想事成。

说这些话的时候，他端着酒杯，然后镇静、轻松地一饮而尽。此前我们中的大多数人都还能控制自己的眼泪，但看到他喝毒药的时候，我们再也控制不住自己；我的眼泪哗哗地流了下来。所以，我蒙住我的脸。我为我自己哭泣，【d】而不是为了他——我的不幸是失去了这样一位同道。甚至在我之前，克里托就止不住流泪而站了起来。阿波罗多洛

---

① 原文为"十一人"（ἐνδεκα），参阅《申辩篇》37c 注。

的哭泣一直没停，而此刻禁不住嚎啕大哭起来，使屋里的每个人更加悲伤欲绝，只有苏格拉底除外。他说："这是在干什么？你们这些人真奇怪！【e】就是因为这个原因，我把那些妇女打发走，要避免这种不体面的事，有人跟我说过，人应当安安静静地去死。所以，保持安静，控制你们自己。"

他的话让我们感到羞耻，我们停止了哭泣。他在屋里踱步，当他说双腿发沉的时候，他就按照那个人事先的交待躺了下来，给他毒药的那个人摸了一下他的身体，稍后又试他的脚和腿，【118】他先是用力按他的脚，问他是否还有感觉，苏格拉底说没有。然后，他又按他的腿肚子，并逐步向上移，向我们表明苏格拉底的身子正在变冷和变硬。他又摸了一下，说等到冷抵达他的心脏时，他就走了。当苏格拉底的肚子变凉的时候，苏格拉底揭开原先蒙上的盖头，说了他最后的话。他说："克里托，我们欠阿斯克勒庇俄斯① 一只公鸡；要用公鸡向他献祭，千万别忘了。"克里托说："我们会做的，如果还有其他事情，请告诉我们。"但是，苏格拉底没有回答。过了一会儿，他微微地动了一下；那个人揭开他的盖头来看时，他的眼睛已经不动了。看到此状，克里托替他合上了嘴和双眼。

厄刻克拉底，这就是我们这位同道的结局，我们要说，在我们所知的所有人中间，他是最善良、最明智、最正直的。

---

① 阿斯克勒庇俄斯（Aσκληπιός），希腊医神，在其神庙中过夜的病人向他奉献公鸡，以求病愈。苏格拉底此话的意思是，死亡是对生命中的疾病的治疗。

索　引

A

Acheron:Ἀχέρον 阿刻戎（地名）　Phd.
112e,113d

Acherousian Lake:Ἀχεροσιαδος 阿刻
卢西亚湖 Phd.113+

Achilles:Ἀχίλλειος 阿喀琉斯 Ap.28c

Adeimantus,son of Ariston：Ἀδείμαν-
τος 阿狄曼图, 阿里斯通之子,《巴门
尼德篇》、《国家篇》谈话人, Ap.34a

Aeacus:Αἰακος 埃阿科斯 Ap.41a

Aeantodorus:Αἰαντόδωρος 埃安托多鲁
Ap.34a

Aegina/Aeginetan (place)：Αἰγίνη 伊齐
那／伊齐奈坦（地名）Phd.59c

Aeschines:Αἰσχίνης 埃斯基涅 Ap.
33e;Phd.59b

Aeschylus:Αἰσχύλος 埃斯库罗斯 Phd.
108a

Aesop's fables:Αἴσωπος 伊索寓言
Phd.60c+,61b+

aether:αἰθήρ 以太 Phd.98c,109c,111b

Agamemnon:Ἀγαμέμνον 阿伽门农
Ap.41b

air:ἀέρος,ἀήρ 气 Phd.98c,109c,111b

Ajax:Αἴας 埃阿斯 Ap.41b

Amphipolis:Ἀμφιπόλις 安菲波利斯
（地名）Ap.28e

Anaxagoras:Αναξαγόρας 阿那克萨
戈拉 Ap.26d;Phd.72c,97b+

Antiochis:Ἀντιοχὶς 安提奥启（乡族）
Ap.32b

Antiphon of Cephisus:Ἀντιφων 安提丰
（凯菲索的）Ap.33e

Antisthenes:Ἀντισθένης 安提斯泰尼
Phd.59b

Anytus:Ἀνυτος 阿尼图斯（《美诺篇》
谈话人）Ap.18b,23e,25b,28a,29c,30b
,30d,31a,34b,36a

Apollo:Ἀπολλον 阿波罗 Ap.21b;
Phd.58b,60d,61a,61b,85a

Apollodorus of Phaleron:Ἀπολλ-
όδωρος 阿波罗多洛（法勒伦的,《会

Evenus:Εὔηνος 厄文努斯 Ap.20b;
　Phd.60d+

evil(s):κᾰκός 恶、邪恶 Ap.25e+

executions:δήμιος 行刑 Phd.116e

F

fable(s):μῦθος 寓言 Phd.60c

fermentation:σηπεδών 发酵 / 腐败
　Phd.96b

final causes:αἰτία τελευταῖος 最终原因
　Phd.97–98

flesh:σάρξ 肉 Phd.98d

flute:flute-playing:αὐλός αὐλεῖν 笛子 /
　演奏笛子 Cri.54d

form(s):εἰδώς, ἰδέα 型相（型、相）
　Phd.103e

freedom:ἐλευθερία 自由 Phd.99a+

funeral(s):ἐπικήδειος　埋葬 / 葬礼
　Phd.115a

G

gadfly,Socrates as:μύωψ 牛虻 Ap.30a

generation and destruction:γένεσις καὶ
　φθορά 生成与毁灭 Phd.96+

generation(s)/genesis:γένεσις 生成
　Phd.71,96+,101c

geographers:οἱ περὶγῆς εἶω θότων
　λέγειν 讨论地理的人 Phd.108c

ghosts:φάσμα/ φάντασμα 幽灵 Phd.81

Glaucus,skilled craftsman:Γλαύκος
　格劳科斯（技艺高超的工匠）
　Phd.108d

god(s):Θεός,θεῖον 神 Ap.26; Phd.62b+,
　106e

gold(en):χρῡσός 金 / 金的 Phd.110e

good(ness/s):ἀγαθὸν 好（善）Ap.
　28a,30d,41; Phd.63,65d,75d,78a,100b,
　108,114

Gorgias:Γοργίας 高尔吉亚（《高尔吉
　亚篇》谈话人）Ap.19e

Greece/Greek(s):Ἑλλάς 希腊 / 希腊
　人 Phd.78a

gymnastics:γυμναστικός 体育锻炼
　Cri.50d

H

Hades:Ἄιδης 哈得斯 Phd.80d+,108,114,
　115a

hair:κόμη 头发 Phd.89b

happiness:εὐδαίμων 快乐 / 幸福 Phd.
　81a

Harmonia:Ἁρμονίας 哈耳摩尼亚 Phd.95a

health:ὑγίεια 健康 Phd.65d

hearing:ἀκοή 听 Phd.65a

heat:θερμός 热 Phd.103c

Hector:Ἕκτωρ 赫克托耳 Ap.28c

Hera:Ἥραν 赫拉 Ap.25a

Heracles:Ἡρακλῆς 赫拉克勒斯 Phd.
　89c,109b

Hermogenes:Ἑρμογένης 赫谟根尼
　（《克拉底鲁篇》谈话人）Phd.59b

Hesiod:Ἡσίοδος 赫西奥德 Ap.41a

Hippias of Elis:Ἱππίας 希庇亚（《大希
　庇亚篇》、《小希庇亚篇》、《普罗泰
　戈拉篇》谈话人）Ap.19e

Hipponicus:Ἱππονίκου 希波尼库 Ap.
　20a

holiness/holy:ὅσιος,ὁσία 神圣 / 神圣
　的 Phd.75d

Homer:Ὅμηρος 荷马 Ap.41a; Phd.

95b

human being (s) :ἄνθρωπε 人 Cri.
47d+; Phd.62b+,89e+,107b,109e

hymn (s) :προοίμιον 颂歌 Phd.60d,
61b

hypotheses/hypothesis/hypothetical:
ὑποθέμενος,ὑπόθεσις 前提（假
设）Phd.100a,101d

I

ignorance/ignorant:ἄνευτέχνης,
οὐκοῖδεν 无知 Ap.29; Phd.89

illusions:φάντασμα 幻觉 / 错觉 Phd.74b

immortal (ity) :ἀθανασία 不朽 Ap.
40e;Phd.70c–76,85e+,87,91+,105+,
107c

impiety/impious:οὐνομίζω,θεούς 不
虔敬 Ap.24b,26b+

informers:μηνῦτης 告密者 Cri.45a

initiates/initiation in mysteries : εἰσηγεῖσ-
θαι 入会仪式 \ 秘仪入会仪式 Phd.
69c

injustice:ἀδῐκία 不公正、非正义
Cri.49

inquiry:σκοπέω 探究 Phd.85

inspiration:ἐνθουσιάζω 灵感 Ap.22c

intuition:νόησις 直觉 Phd.66,79,83b

Iolaus,and Heracles:Ιόλαος 伊俄拉俄
斯（与赫拉克勒斯）Phd.89c

J

joints,the:διαφῠή 关节 Phd.98d

judgment (s) :κρίσῐς 审判 Phd.107d+,
113d

juries/jury/jurymen:δικαστής 审判官

Ap.18a,35

just (ice) :δίκη 正义、公正 Phd.67b

K

know (ing) /knowledge:ἐπιστήμη 知道 /
知识 Ap.22,29; Phd.65+,75,92

L

Lacedaemon/Lacedaemonian (s) :Λᾰκε-
δαίμων 拉栖代蒙 / 拉栖代蒙人

language:γλῶσσα 语言 Ap.17c+

law (s) /legislation:νόμος 法 / 立法 Ap.
24d,26a,37a; Cri.50+,54

learn (ing) :μανθάνειν 学习 Phd.73,
75e+

Leon:Λέον 勒翁 Ap.32c+

Leontini:Λεοντῖνος 林地尼（地名）
Ap.19e

life/living:βίος /ζωή　生命 / 生活 Ap.
28b,38a,38e; Cri.48b; Phd.62,85c,
107c

logic:λογισμός 逻辑 Phd.102e,104

love:φιλεῖν/ φιλία 爱 Phd.68b

Lycon:Λύκων 吕孔 Ap.24a,36b

Lysanias of Sphettus:Λυσανίας 吕珊
尼亚斯（斯费图的）Ap.33e

M

magic (ian) :ἐπῳδός 巫术 / 巫师 Phd.
78a

mathematical/mathematician/ mathema-
tics:λογιστικός, λογιστικός,μαθή-
ματα 数学 / 数学家 Phd.92d

Megara;Μέγαρὰ 麦加拉（地名）Cri.
53b; Phd.59c,99a

U

V

W

X

便著有《落笺堂初稿》一卷。清代顺治八年(1651)赴乡试中举,4年后会试得中进士,随之文名渐著,与长兄西樵、叔兄东亭被称为"三王"。顺治十六年(1659),被任命为扬州推官(掌管讼狱),5年后调任京职,历官至刑部尚书。康熙四十三年(1704),因申告(王五)冤抑案以微罪罢官。康熙五十年(1711)五月,于故里新城逝世。其诗清秀淡远,蕴藉委婉,为清初数十年诗坛之正宗,负有盛名。一生著述达500余种,作诗4000余首,主要有《渔洋山人精华录》、《蚕尾集》、《池北偶谈》、《香祖笔记》、《居易录》、《渔洋文略》、《渔洋诗集》、《带经堂集》、《感旧集》等。本诗是其游崂诗中的代表作,另在《池北偶谈》中,有涉及崂山的《劳山道士》、《啖石》、《张道人》等笔记小说。

注释:

[1]鱼山梵:即鱼山呗,全称"鱼山梵呗",和尚念经的声音。"梵呗"是指佛教徒做法事时念诵经文的声音,后世泛指佛教音乐。鱼山是中国佛教梵呗的发源地,中国的佛教音乐源于"鱼山梵呗"。曹植是中国化佛曲梵呗之音的创始者。中国佛教协会编的《中国佛教仪轨制度》记载,"我国曹魏陈思王诵读佛经,'制转赞七声降曲折之响',又作《鱼山梵》(亦称《鱼山呗》)六章,'纂文制音,传为后世'"。因鱼山岩洞内空像木鱼,加黄河滚滚声灌入,有钟鱼梵呗之音,所以历史上有"鱼山梵呗"之称。成连:春秋时著名琴师。传说伯牙曾学琴于成连,三年未能精通。成连因与伯牙同往东海中蓬莱山,使闻海水激荡、林鸟悲鸣之声,伯牙叹曰:"先生将移我情。"从而得到启发,技艺大进,终于成为天下妙手。见唐吴兢《乐府古题要解·水仙操》。

[2]诸天:佛教语。指护法众天神。佛经言欲界有六天,色界之四禅有十八天,无色界之四处有四天,其他尚有日天、月天、韦驮天等诸天神,总称诸天。螟:螟蛉,一种绿色小虫,螟蛉蛾的幼虫。薝葡:即栀子。唐朝段成式《酉阳杂俎》十八《广动植木》说:"陶贞白(名弘景,南朝齐梁时人,著名药学家)言:'栀子翦花六出,刻房七道,其花香甚,相传即西域薝葡也。'"栀子,常绿灌木或小乔木,叶子对生,长椭圆形,有光泽。春夏开白花,香气浓烈,可供观赏。夏秋结果实,生青熟黄,可做黄色染料。也可入药,性寒味苦,为解热消炎剂。唐杜甫《栀子》诗:"栀子比众木,人间诚未多。"

[3]安居:佛教语。又称坐夏或坐腊。僧徒每年在雨季三个月内不外出,静心坐

禅修学。安居的日期,因各地气候不同,亦不一。晋法显《佛国记》:"安居后一月,诸希福之家劝化供养僧。"一契:谓符契相合为一。后即借指全部相合。生心:怀有异心;产生疑心。

[4]陆沉:陆地无水而沉。比喻隐居。《庄子·则阳》:"方且与世违而心不屑与之俱,是陆沉者也。"郭象注:"人中隐者,譬无水而沉也。"

忆劳十二首
匡　源

我忆华严庵,门外尽修竹。

萧森千万竿,一径入寒绿。

不知羲驭炎,但觉秋气肃。[1]

凉露扑衣襟,隐隐肌生粟。[2]

作者简介

匡源(1815—1881)字本玉,号鹤泉,清代胶州(今山东省胶州市)人。自幼勤学,13岁入邑庠,道光十九年(1839)举人,次年中进士,授翰林院编修,累官至礼部尚书,军机大臣。咸丰十一年(1861)咸丰皇帝病危时,为顾命八大臣之一。同治皇帝即位后,慈禧罢匡源官,匡源移居济南,被聘为泺源书院山长,兼尚志书院山长。任职17年,以治学严谨著称。著有《珠云仙馆诗人钞》、《名山卧游录》、《奏议存稿》等。咸丰元年(1851)三月游崂山,下榻太清宫,留有许多游山诗文。《劳山赋》(又名《答人问劳山》)中,以高超的见地和婉约的笔调,将崂山与五岳之首的泰山作了比较,同时又以文、诗、字画为比喻,给予崂山恰当的评价。本诗对崂山的十二处景点做了赞美与评说。此外,他还为出家崂山的胶州王氏女大方(即广住)禅士撰写了《大方禅士碑文》。

注释:

[1]羲:羲和,中国古代神话中驾日车的神,后用以指代太阳。炎:指太阳。

[2]粟:当为"栗"之误,发抖,因害怕或寒冷肢体颤动。

我忆狮子岩,高卧盘石瘦。

倒看众髻鬟,历历叠苍皱。[1]

波光去渺弥,上与青冥凑。[2]

似有海舶行,数点小如豆。[3]

注释:

[1]髻鬟:环形发髻。

[2]渺弥:水流旷远貌。青冥:指青天。

[3]海舶:海船。

我忆白云洞,云上结茅屋。

时闻云下人,笑语出深谷。

练师四五辈,逍遥无拘束。[1]

朝与白云游,暮抱白云宿。

注释:

[1]练师:旧称德行高超的道士。

我忆太清宫,待月大海滨。

四山林箐黑,隐约窥星辰。[1]

须臾晶轮出,波上光鳞鳞。[2]

冰壶此濯魄,万里无纤尘。[3]

注释:

[1]林箐:成片生长的竹木。

[2]晶轮:指月亮。

[3]冰壶:本义指盛冰的玉壶,此处借指月亮。

我忆玄真洞,去天不盈咫。

浑沦大圆窍,结自洪荒始。[1]

日月口中吞,峰峦足下峙。

坐观朝鲜云,飞渡蓬瀛水。[2]

注释:

[1]浑沦:形容浑沌不清。洪荒:混沌蒙昧的状态,指远古时代。

[2]蓬瀛:蓬莱和瀛洲。神山名,相传为仙人所居之处。亦泛指仙境。

我忆八仙墩,绝险非人境。

下探蛟龙窟,海底辟幽琼。[1]

阴森毛发立,悚惕心骨冷。[2]

长风卷怒涛,高过游人顶。

注释:

[1]琼:美玉。

[2]悚惕:恐惧,惶恐。

我忆来鹤洞,石气生夏寒。

开门极空阔,正对沧溟宽。[1]

画长无个事,扫地展蒲团。[2]

一念净不起,幽涧鸣松湍。

注释:

[1]沧溟:指大海。

[2]蒲团:用蒲草编成的圆形垫子,多为僧人坐禅和跪拜时所用。

我忆钓龙嘴，避雨田家夕。

夜半云初开，起陟西岩碧。

长笛两三声，老蝠惊拍拍。

万籁寂无声，凉蟾挂山脊。[1]

注释：

[1]凉蟾：指秋月。

我忆神清宫，岧峣临巨壑。[1]

银杏大数围，浓荫覆殿角。

凿扉通小径，峭壁千仞削。[2]

仰见一线天，空翠濛濛落。[3]

注释：

[1]岧峣[tiáo yáo]：山高峻貌。

[2]仞：古代长度单位。周制八尺，汉制七尺。

[3]空翠：指青色的潮湿的雾气。唐王维《山中》诗："山路元无雨，空翠湿人衣。"

我忆碧落宫，登眺南天门。

巨峰何雄秀，众岫如波奔。[1]

载酌金液泉，洒然清心魄。[2]

欲访华楼仙，磴滑不可扪。

注释：

[1]岫：峰峦。

[2]金液：古代方士炼的一种丹液，谓服之可以成仙。此处喻美酒。洒然：形容神气一下子清爽或病痛顿时消失。

我忆九水庵,叩关方落日。

飒然风雨来,寒意生悽慄。[1]

云气滃虚白,倏忽群峰失。[2]

大呼同游人,请看南宫笔。[3]

注释：

[1]飒然:形容风吹时沙沙作响。

[2]滃[wěng]:形容云起。倏忽:顷刻,指极短的时间。

[3]南宫笔:南宫,指米南宫,北宋书画家米芾曾官礼部员外郎,因称。南宫笔指米芾的笔迹。

我忆玉鳞口,瀑布天上来。

银河忽倒泻,玉峡为双开。[1]

跳珠溅飞雪,吹面如轻埃。[2]

何时驾草阁,日日听风雷。

注释：

[1]银河倒泻:泻,水从高处往下直流。这里指玉鳞口瀑布象银河里的水倒泻下来。

[2]跳珠:喻指溅起来的水珠或雨点。

华严庵夜雨题壁
李中简

鱼龙警禅关,夜作空山雨。[1]

松门万重暗,佛火一灯聚。[2]

苍茫神灵意,演洞天地府。[3]

钟鱼夜沉沉,寒梦杳何许。[4]

作者简介

李中简(1721—1781),字廉农,号文园,直隶任丘(今河北任丘市)人。乾隆十三年(1748)进士,任翰林院庶吉士,翰林院侍讲,侍讲学士,国史馆纂修官,后提督山东学政、云南学政,博学工诗文,在词馆时,与朱筠兄弟及纪昀齐名。著有《就树轩诗》十七卷。本诗或作于任山东学政时。

注释:

[1]鱼龙:鱼和龙,泛指鳞介水族。禅关:禅门。

[2]佛火:指供佛的油灯香烛之火。

[3]澒洞:绵延、弥漫。

[4]钟鱼:寺院撞钟之木。因制成鲸鱼形,故称。此处借指钟、钟声。

七言古

赠王屋山人[1]

李　白

我昔东海上,劳山餐紫霞。[2]

亲见安期生,食枣大如瓜。

中年谒汉主,不惬还归家。[3]

朱颜谢春晖,白发见生涯。[4]

所期就金液,飞步升云车。[5]

愿随夫子天坛上,闲与仙人扫落花。[6]

作者简介

李白(701—762),字太白,号青莲居士,又号"谪仙人",唐代伟大的

《崂山志》校注

浪漫主义诗人,后人誉之为"诗仙",其诗天马行空,浪漫奔放,意境奇异,才华横溢。被誉为"笔落惊风雨,诗成泣鬼神"(杜甫《寄李十二白二十韵》)。有《李太白集》传世。此诗为寄王屋山人孟大融之作,作年及所寄之人孟大融不可考。

注释:

[1]赠王屋山人:王琦《李太白全集》作"寄王屋山人孟大融"。

[2]紫霞:紫色云霞。道家谓神仙乘紫霞而行。

[3]中年谒汉主,不惬还归家:指李白天宝元年(742)冬,经道士吴筠推荐,进长安应召,供奉翰林,时年41岁。其间,由于他嫉恶如仇,性情孤傲,不肯与李林甫、高力士等同流合污,天宝三年春,李白被唐玄宗"诏许还山"。

[4]春晖:春日的阳光,此处借指青春的光泽。生涯:生机。

[5]云车:传说中仙人的车乘。仙人以云为车,故称。

[6]天坛:本指封建帝王祭天的高台,此处借指仙界。

登华楼
蓝　田

前山后山红叶多,东涧西涧白云过。

红叶白云迷远近,云叶缺处山嵯峨。

闲抛书卷踏秋芳,扶藜偶入山人房。[1]

柴门月上客初到,瓦甒酒熟兼松香。

玉皇洞口晓花暗,金液泉头秋草遍。

药炉丹井尚依稀,白雪黄牙今不见。[2]

长春高举烟霞外,使君远出风尘界。[3]

当时人已号飞仙,只今惟有残碑在。

人生适意且樽酒,莫放朱颜空老丑。

神仙千古真浪传,丹砂一粒原非有。[4]

乃知造物本无物,薄命不逢随意足。

云满青山风满松,何必洞天三十六。[5]

作者简介

蓝田,字玉甫,号北泉,明即墨(今山东省即墨市)人。神颖天成,日诵数千言,为文宏肆奇拔,7 岁即能诗,16 岁中举人。嘉靖二年(1523)中进士,授河南道监察御史,曾 7 次上疏,历数恶吏罪恶,因而声震一时。后巡按陕西,蓝田修其父政,民间谣曰:"一按一抚,一子一父,虏不犯边,民得安堵。"蓝田被贬职归家后,讲学于"可止轩",游观于崂山,以诗酒自娱,著有《蓝侍御集》、《北泉集》、《东归倡和》、《白斋表话》等。嘉靖元年(1522)蓝田登崂山巨峰后,撰写了《巨峰白云洞记》,是为现存的第一篇崂山游记。其七言律诗《登狮子峰》镌刻于崂山狮子峰前。

注释:

[1]秋芳:秋日开放的花朵,多指菊花。藜:一年生草本植物,茎直立,嫩叶可吃。茎可以做拐杖(亦称"灰条菜")。此处指用藜做的拐杖。

[2]丹井:炼丹取水的井。黄牙:硫黄的别称。古代道教徒常以铅砂、硫黄、水银为原料炼制丹药。

[3]长春:指邱处机。使君:尊称奉命出使的人。金宣宗兴定四年(1220),邱处机与 18 名弟子同往西域,一行由莱州出发,行程万里,历时 2 年,到达西域大雪山见成吉思汗劝以戒杀,故称之。

[4]丹砂:同"丹沙"。一种矿物,炼汞的主要原料。可做颜料,也可入药。又叫辰砂、朱砂。

[5]洞天三十六:道家称神仙居住人间的 36 处名山洞府。

登巨峰

陈 沂

鳌山驾海入青云,远见浑合近复分。[1]
重峦高下极杳霭,翠岫出入排氤氲。[2]
千奇万状倏变态,陟历惊魂望仍爱。
遥指天际悬孤峰,峰头更有僧庵在。

奔泉激石声潺潺,绝顶止可猿猱攀。

双屋劈出一微径,一窍直上烟霄间。[3]

壁断梯折路亦绝,五石飞梁临不测。[4]

西北峰垂返照阴,东南海映长空色。

仙人见说多楼居,无奈缥缈乘清虚。

此地安期且未至,与子跨鹤今何如。[5]

注释:

[1]浑合:浑然合成。

[2]杳霭:亦作"杳蔼",云雾缥缈貌。氤氲[yīn yūn]:烟气、烟云弥漫的样子。

[3]窍:贯通。烟霄:云霄。

[4]五石:指五种石料。后被道教用以炼丹。《史记·扁鹊仓公列传》:"中热不溲者,不可服五石。"晋葛洪《抱朴子·金丹》:"五石者,丹砂、雄黄、白矾、曾青、慈石也。"

[5]跨鹤:乘鹤骑鹤。道教认为得道后能骑鹤飞升。

九 水

江如瑛

我来一水入仙源,溪流决决衣袂寒。[1]

乱石千堆欺白雪,秋色四围锁青山。[2]

山重水复路欲穷,二水潺潺曲径通。[3]

峻嶒峭壁峻摩空,石潭隐隐护蚩龙。[4]

咫尺三水开生面,沙明水浅光潋滟。[5]

浮鸥敛翼若狎惯,排面四水折东来。

砯訇澎湃惊闻雷,凉生石罅风淅淅。[6]

豹斑点破老苍苔,五水直与四水连。[7]

悬崖倒影落澄泉,其势直欲压青天。

陡觉巉岩未易过，一声长啸对云坐。

到来六水尽奇峰，怪石当空人胆破。

七水风光迥不同，霜林一抹夕阳红。

隔岸人家仙犬吠，数间草舍白云封。

峰回路转入八水，大石小石仍累累。[8]

千岩万壑送秋声，寒泉流出青山髓。

九水之水深且曲，几湾秋水凝寒绿。

茅庵僧去久无人，但有残钟挂古木。

作者简介

江如瑛，字渭仁，号梅岭，清代即墨（今山东省即墨市）人。乾隆十五年（1750）庚午科举人，任冠县教谕。游崂山时曾作《吊憨山海印寺废址》、《青山道中》、《登那罗延窟》、《九水》等诗。本诗见于《梅岭诗集》。

注释：

[1] 仙源：道教称神仙所居之处。决决：形容水流声。

[2] 欺：压。

[3] 山重水复路欲穷：从宋代诗人陆游《游山西村》"山重水复疑无路，柳暗花明又一村"化出。

[4] 峻嶒：陡峭不平貌。

[5] 潋滟：形容水波荡漾。

[6] 砰訇 [hōng]：象声词，迅雷声。淅淅：象声词，形容风声。

[7] 豹斑：豹皮上的斑纹，此处借指瀑布的水滴。苍苔：青色苔藓。

[8] 累累：形容累积甚多。

九水

黄玉衡

行过大劳入一水，怪石叠叠大如兕。[1]
水穿涧底涌石来，澎湃声震山谷里。
置身顿觉异境开，万壑谡谡松风起。[2]
溯流曲向源头寻，二水逶迤深复深。
削壁巉岩立泉侧，石磴泠泠鸣素琴。[3]
坐久不觉白云满，濛濛湿翠滴衣襟。
咫尺相隔不数武，三水深深汇前浦。
澄潭一亩浸空碧，岩花倒影可指数。[4]
旁列巨石古嶙峋，雨点苍苔渗石乳。[5]
山风忽送雷声喧，响应众峰万马奔。
身历崖壁行且却，惊看四水波浪翻。[6]
双涧飞出玉龙白，珍珠万斛倾山根。[7]
冈峦一拗复一折，五水攒石团白雪。[8]
幽径斜通沿溪行，前与六水近相接。
飞泉一道出石窦，长鲸吞涛电光掣。[9]
扶筇徐到七水隈，天光云影相徘徊。[10]
人如山阴道上过，水自罨画溪上来。[11]
一峰当面疑无路，迢遥南下谷中开。
谷口隐隐仙洞现，八水宏敞开生面。
几湾秋水云烟滃，浣洗山光净如练。
隔岸渔樵相招呼，游人到此顿忘倦。
九水风光迥不同，一山一水环相通。
山复山兮水复水，万顷茫茫大劳东。

作者简介

黄玉衡,字音素,清代即墨(今山东省即墨市)人。清乾隆四十二年(1777)贡生,以病弃举子业,善医,常治病以活人,亦精音律之学,工诗善文,著有《二水山房诗稿》。本诗是他游崂山时所写,全诗以322字描绘了北九水一至九水的奇景,为文汪洋恣肆,洒脱流畅。

注释:

[1]兕[sì]:古书上所说的雌犀牛。

[2]谡谡:象声词,形容风声呼呼作响。

[3]素琴:不加装饰的琴。

[4]空碧:指澄碧的水色。

[5]石乳:钟乳石。石灰岩洞中悬在洞顶上的锥状物体由含碳酸钙的水溶液逐渐蒸发凝结而成。

[6]却:退。

[7]斛:中国旧量器名,亦是容量单位,一斛本为十斗,后来改为五斗。

[8]拗:同"拗",转折,弯转。攒[cuán]:聚积,凑集。

[9]石窦:石穴。掣:拉,拽。

[10]隈[wēi]:山水等弯曲的地方。

[11]罨[yǎn]画:色彩鲜明的绘画。明杨慎《丹铅总录·订讹·罨画》:"画家有罨画,杂彩色画也。"多用以形容自然景物或建筑物等的艳丽多姿。

望二劳

赵似祖

泰岳东望云冥冥,春风吹海玻璃声。

海岱之门皆奇怪,二劳天半落空青。[1]

我亦不知东西磅礴几百里,高下几千寻,

但觉缥缈一气空人心。弥望何巃嵸,[2]

万朵青芙蓉,白云不落地,灵秀毓其中。[3]

精蓝梵宇亦何多,群仙醉倒金叵罗。[4]

往往青天白日闻笙歌,尘中遥望空嵯峨,

二劳二劳奈若何。

作者简介

赵似祖,字怡庭,号秋客,清代海阳(今山东省海阳市)人。道光十二年(1832)进士,官刑部主事。清同治年间曾栖居崂山华严寺多年,对崂山题咏尤多。有《望二劳》、《寄居华严寺庵即事》、《一壶道人歌》、《边道人歌》、《劳山导引法曲》等,其中《寄居华严庵即事》为赵似祖寄居华严寺时之游山诗,共24首七律诗,诗格苍劲,情景双绝。另有《希音阁诗集》。

注释:

[1]海岱:今山东省渤海至泰山之间的地带。海,渤海;岱,泰山。空青:指青色的天空。

[2]巃嵷[lóng zōng]:亦作"巄嵷",山势高峻貌。

[3]毓:孕育。

[4]精蓝梵宇:精蓝,佛寺,僧舍。精,精舍;蓝,阿兰若。梵宇,佛寺。金叵罗:金制酒器。

八水河玉龙瀑
蓝梜之

百尺峭崖高无已,左右青山近相比。

一练高挂悬崖巅,玉龙倒喷西江水。

余波流沫随风飘,如抛珍珠坠还起。

只应泉源直上通银河,

不然何以仰视去天不违咫。

作者简介

蓝桢之:蓝水(1911—2004),原名桢之,中年后改名水,字山泉,号东厓,又号东厂(同"庵")。山东即墨市即墨镇西障村人,为明刑部右侍郎蓝章十三世孙,明御史蓝田十二世孙。蓝水幼年曾读私塾7年,成年后,又教私塾3年,后务农。一生酷爱崂山,自谓有"山水癖",曾数次游崂山,无所不至,所到之处,考核甚详。24岁时,即萌志撰写《劳乘》,久经沧桑,笔耕不辍,潜心著述,执着追求,积50年之心血,于1984年完成了《我与崂山》一书。该书由崂山县县志办公室于次年审定出版,更名为《崂山古今谈》。全书共约14万字,分崂山古今、崂山百咏和崂山琐谈三部分,对崂山的山脉、风景、物产、诗文和逸闻传说等进行了记述。1996年,经过考察论证,在该书的基础上,重新修订出版《崂山志》。内容丰富,考核详细,为崂山研究提供了重要的资料。一生著述颇丰,另有《大崂山人集》、《东厓诗集》等。

五言律

华严庵
周绅

锡飞临绝巘,塔影出重霄。[1]
涧曲松风细,山深鸟意骄。
丹青晃佛座,衣钵肃僧寮。[2]
咫尺沧波险,经声杂晚潮。

作者简介

周绅,字蕴青,清代即墨(今山东省即墨市)人。幼孤,好读书,事母尽孝,与兄情深。康熙三十八年(1699)贡生,工诗善文,有《中溪诗集》。游览崂山时,留有《九水》、《华严庵》、《夜游下宫海上》、《华楼》等诗篇。

注释：

[1]锡飞：即飞锡，佛教语。本意为僧人等执锡杖飞空。也指僧人出行，僧人游方。绝巘[yǎn]：极高的山峰。重霄：指极高的天空。古代传说天有九重。也叫"九重霄"。

[2]丹青：丹和青是我国古代绘画常用的两种颜色，这里借指绘画。

九水 二水
高凤翰

二水真奇绝，飞岩得石梁。
乍疑前路断，又入水云乡。
晴日自雷雨，阴崖生雪霜。
扫苔成暝坐，尘虑一时忘。

作者简介

高凤翰（1683—1749），字西园，号南村，晚号南阜老人，清胶州（今山东省胶州市）人。19岁为生员，雍正五年（1727）荐孝廉方正，任安徽歙县县丞、知县，又任扬州仪征知县。能诗善画，尤长山水、花卉。继承青藤、白阳、八大山人、石涛等绘画传统，不拘古法，自辟蹊径。所画花卉笔墨滋润，隽永雅致。亦工草书、篆刻，富藏砚。乾隆二年（1737）右臂病废，用左手作书画，因更号后尚左生。著有《砚史》、《击林集》、《湖海集》、《岫云集》、《鸿爪集》、《归云集》、《青莲集》等。康熙五十七年（1718）秋，曾遍游崂山巨峰、白云洞、华严寺、北九水等处，写下了《游劳山至二水小憩》、《三水题定僧峰》、《鹰窠河》、《鱼鳞口看瀑布》、《赠劳山何老》、《白云洞望海》和《华严庵》等诗篇。

华严庵

赵念曾

饭罢下高阁，寻幽临水扉。

石间乱流出，竹里一僧归。

山鸟怡人耳，池花沾客衣。

那罗延窟畔，徒倚恋晴晖。

作者简介

赵念曾（1677—1741），字根矩，号漱阳。博山（今山东省淄博市博山区）人，清代诸生。少有远志，善文工诗。因他游览崂山时，发现漱阳山屿非常美丽，遂用来作自己的号。雍正五年（1727）踏入仕途，为官期间，兴文重教、执法公正。本诗录自清同治版《即墨县志》。

八仙墩

孙风云

四顾疑无地，游人到已难。

路从天上出，峰向海中攒。

水立千寻直，岩垂半壁寒。

石纹嵌锦绣，造化足奇观。

作者简介

孙风云：黄肇颚《崂山续志》作孙凤云，字瑞庭，号半楼，清代高密（今山东省高密市）人。生活与清代光绪年间（1875—1908 年），诸生，工诗善文，喜游山水。游崂山时留有《八仙墩》、《明霞洞》、《劳山观日出》等诗篇及《游崂纪略》、《游崂续纪》等游记。其《狮峰观日出》七言律诗，镌刻于崂山上苑狮子峰顶西侧。

太清宫
周思璇

已临山尽处，海水若鸣雷。
峰抱三方列，潮迎一面来。
雨中看竹绿，云里赏花开。
胜地烟云外，斜阳去复回。

作者简介

周思璇，字宫玉，号松壑，清代即墨（今山东省即墨市）人。嘉庆年间诸生，绩学工诗，沉潜笃实。著有《松壑诗集》。游览崂山时作有《观海》、《华楼》、《海边石子》、《山家》等多篇诗作，本诗尤佳。

青山道中
江如瑛

不减山阴道，纡回一径通。
海连松涧碧，叶落草桥红。
鸥队闲云外，人家乱石中。
居民浑太古，十室半渔翁。

神清宫
王大来

上尽登山路，山花晚更香。
悬崖缀高阁，怪石抱回廊。
翠积松窗暗，云深石榻凉。[1]
道人知爱客，晚起煮黄粱。

作者简介

王大来,字少楚,清胶州(今山东省胶州市)人。同治七年(1868)贡生,工诗画,尤喜山水,为胶州著名文人,著有《五亩园诗草》。曾7次游崂,俱有诗文记述。其先人王锦,曾任知县,购得高弘图在崂山华阴的"太古堂"。嗣后,其子孙或家居崂山华阴,或家居胶州故居。咸丰十一年(1861),王大来迁居崂山华阴,居20余年。其《移居华阴》一诗中有"日在辋川图画里,平生夙愿快相偿"之句。另有《棋盘石》、《白云洞至雕龙嘴》、《神清宫》、《鱼鳞口观瀑》等颂赞崂山之诗篇传世。《胶澳志·艺文志》书目中,列有王大来撰写的《劳山七游记》一书,该书对崂山名胜记述颇详。

注释:

[1]石榻:狭长而矮的石床。

鹤山

林砥生

策杖来幽境,危岩曲曲通。

石门一纵眺,无数乱峰青。

古壁迎云湿,寒潮挟雨腥。

海天浑莫辨,何处问仙舻。[1]

作者简介

林砥生,即林钟柱,字砥生,清掖县(今山东省莱州市)人。光绪五年(1879)举人,工诗文,有山水癖,在崂山塘子观教授10余年,暇辄出游,崂山秀色尽收笔下,写有《雕龙嘴望海》、《文笔峰》、《鹤山》、《骆驼峰》等许多吟咏崂山的诗篇。光绪十七年(1891),游崂山梯子石时,写有《梯子石记》,该文现镌刻于崂山梯子石东端的登山南路,全文共395字。清黄肇颚所著《崂山续志》中记载"（塘子）观居修真庵南六里，友人林砥生居之。砥生，掖人，名钟柱，己卯举人携家避嚣于此。深有志于崂山之志……"

注释：

[1]舲[líng]：有窗户的小船。

白云洞

钟惺吾

微行黄叶径，小住白云巅。

晴翠飞衣上，沧溟落足前。

临风数归鸟，倚石听流泉。

抛却人间累，神仙住洞天。

作者简介

钟惺吾，清末民国间山东高密文人，移居即墨多年，教学之余，游历劳东，久之汇集成册，民国七年（1918）自作序言，成《惺庐诗草》。民国二十一年（1932），有即墨名士于镜汉跋语，即墨新民书局印行传世。在蓝水先生的诗集里有一首写给钟惺吾的诗《赠钟惺吾》："当年设教留书院，追迹康成此往还。老至无情伤白发，春来有梦入青山。居心急者羲皇上，抵句不离魏晋间。几上烟霞成痼痳，二崂从此好同攀。"

明霞洞

庄心如

明霞奇胜处，山海势平分。

有石皆含水，无峰不住云。

洞天幽以徂，竹木修而纹。

笑问燕齐客，神仙或是君。[1]

作者简介

庄心如，即庄陔兰(1870—1946)，清末民初有名的书法家。字心如，号春亭，原名庄阿兰，山东莒州(今莒南县)大店镇大店人。光绪二十四年(1898)拔贡，放乐安县(今广饶县)训导。光绪三十年(1904)甲辰恩科殿试，中二甲第十四名进士，选庶吉士，散馆授翰林院编修，诰封朝议大夫。光绪三十二年(1906)，官费去日本东京大学学法政，秘密加入中国同盟会，后参加辛亥革命。民国初年，曾任山东省议会会长、国会参议院议员。1925年孙中山逝世，庄陔兰遂脱离政界，居青岛崂山广善寺，研读佛经，后回乡闲居。1934年春，出任《重修莒志》总纂。1935年底定稿，共77卷。因资金不足，曾卖字"以补其缺"。1936年任孔子77代孙孔德成汉文教师，1946年在曲阜去世。书法成就卓越，临池一生，代表作为颜体《重修定林寺碑》。

注释：

[1]燕齐客：燕齐，指战国时燕国和齐国，后亦泛指其所在地即今河北、山东一带。

七言律

送李象先游二劳
法若真

百余里外接长松，一片青山万万重。
铁骨泥寒仙子塚，火雷石劈巨人峰。[1]
碑悬儳偏千年句，客睡华阴小市钟。[2]
俱说童恢驱虎后，二劳不借黑云封。

作者简介

　　法若真(1613—1696),字汉儒,号黄山,又号黄石,清代著名诗人和书画家。祖籍济南,先祖于明朝景泰年间任职胶州(今山东省胶南市),法氏后人遂定居于此,以为故里。顺治三年(1646)进士,授翰林院编修,官至河南布政使。工古文与诗,善画山水,自成一格。是清代山东为数不多的诗书画皆有成就的文人,在他影响下,其子孙辈承家学,有所成就,出了若干有影响的文化人。有《黄山诗留》、《介卢诗》、《黄山集》等作品流传于世。在他的游崂山诗中,言及巨峰、邋遢石、华阴、童恢驱虎等诸多景和事,对崂山所知甚详。

注释:

　　[1]塚:同"冢",坟墓。

　　[2]儸偶:当为"邋遢"之误,指张三丰。

狮子峰观日出

崔应阶

　　枕上初闻晓寺钟,起来月色尚溶溶。

　　掔丹未采鲛人室,拄杖聊登狮子峰。[1]

　　碧浪已浮沧海日,白云犹锁万山松。

　　耽游千里谁言老,选胜搜奇兴颇浓。[2]

作者简介

　　崔应阶(1699—1780),字吉升,号拙圃,湖北江夏人。满腹经纶,才华横溢,喜爱山水,诗词文章非常有名。一生为官,也是乾隆年间著名的官员。曾任山东布政使,施政廉洁,地方工作卓有成效,后委任山东巡抚,治理水患,消灭蝗灾,声望名震朝野。乾隆三十一年(1766),在即墨县令的陪同下巡视崂山,写下了《黄石宫》、《鱼鳞口》等不少脍炙人口的诗句,流传至今的有 8 首七言律诗,该诗是其中之一。著有《拙圃诗草》、《黔游纪程》、《研露楼琴谱》、《官镜录》等,辑有《东巡金石录》。所撰杂剧《烟花债》、《情中幻》,与吴恒宣合作传奇《双仙记》,合称《研露楼曲》,今皆存于世。

注释:

[1]挐:同"拿"。鲛人:神话传说中的人鱼。

[2]耽:沉溺,痴迷。

鱼鳞口瀑布
崔应阶

何处砆崖万壑雷,高峰云静石门开。[1]
盘空舞雪飞泉落,扑面银花细雨来。
碧水澄潭堪洗涤,青松白石任徘徊。
支筇未尽游观兴,樵唱遥从天际回。[2]

注释:

[1]何处砆崖万壑雷:语出唐代诗人李白《蜀道难》:"飞湍瀑流争喧豗,砯崖转石万壑雷。"意为激流和瀑布各把神通显,冲得山岩震动,推着巨石旋转,好一似雷霆回响在这万壑千山。

[2]樵:柴。代指打柴的樵夫。

太清宫
蔡绍洛

上清宫下下清连,绀宇凌霄更近仙。[1]
修竹万竿青入海,老松一路碧参天。
山中鸡犬皆离世,水底蛟龙欲问禅。
夜半钟声惊客梦,不知身枕白云眠。

作者简介

蔡绍洛,生卒年月不详,清代湖北人,道光二年(1822)进士。曾游崂山,写下多篇游崂诗作。

注释:

[1]绀宇:即绀园。佛寺之别称。

田横岛

周 璠

山函巨谷水茫茫,欲向洪涛觅首阳。[1]

穷岛至今多义骨,汉廷谁许有降王。

断碑卧地苔痕重,古庙无人祀典荒。[2]

识得灵旗生气在,暮潮风卷早潮阳。[3]

作者简介

周璠,明沭阳(今江苏省沭阳县)人,万历年间曾任即墨县丞。常游览崂山,撰写过多篇赞咏崂山的诗作,如《劈石口》、《康成书院》、《松风口》、《黄石宫》、《迎仙岘》等。其《劈石口》一诗,镌刻于崂山名石劈石之右。

注释:

[1]首阳:山名。相传为伯夷、叔齐采薇隐居处。

[2]祀典:祭祀的仪礼,此处指祭祀。

[3]灵旗:道教法器之一,用以驱邪镇鬼。

五言古

劳[1]山怀古
周如锦

嶪嶪不其山,康成注书屋。[2]
绛帐乐无声,书带草犹绿。
逢蒙悯三纲,举世无著足。
辽东不可留,劳山栖黄鹄。[3]

作者简介

周如锦,字叔文,号大东,即墨县章嘉埠(今属瓦戈庄乡)人,明朝万历年间知名学者。稍涉官场,当过几年通判,大多数时间生活在民间。传世著作为《紫霞阁文集》。写有多篇咏崂诗文,如《鳌山考》、《胡京兆乌衣巷诗》等。

注释:

[1]劳:原书作"崂"。
[2]嶪嶪[yè yè]:高大貌。康成:指郑玄。
[3]黄鹄,鸟名,此处比喻高才贤士。

聚仙宫
高 出

平畴散碧溪,古殿枕奇石。
苔藓久无人,一步一留迹。

明霞洞
柳培绪

石洞窈然深,疑出神工凿。
云随履底飞,瀑自面前落。

作者简介

柳培绪,字子琴,清代蓬莱(今山东省蓬莱县)人,岁贡生。写有多篇游崂诗作,该诗即是其中一首。

七绝

劳山导引择绿石刻
丘长春

五岳曾经四岳游,群山未必可相俦。[1]
只因海角天涯背,不得高名贯九州。

重冈复岭势崔嵬,照眼云山翠作堆。[2]
路转山坳三百曲,行人一步一徘徊。

注释:

[1]五岳:中国的五大名山,指东岳泰山、西岳华山、南岳衡山、北岳恒山和中岳嵩山。俦:同辈,伴侣。

[2]崔嵬:高大;高耸。

太清宫

康有为

青山碧海海波平,汗漫重游到太清。[1]

白果耐冬多阅劫,劳山花闹紫薇明。[2]

注释:

[1]汗漫重游:汗漫游,世外之游,形容漫游之远。

[2]劳:原书作"崂"。

狮子峰

黄宗臣

石上开樽有浊醪,海天东望月轮高。[1]

寒声时到秋山寺,半是松声半是涛。

作者简介

黄宗臣,字我臣,号邻庭,明代即墨(今山东省即墨市)人,(黄)嘉善第四子。荫中书,不就,崇祯十二年(1639)举人。善诗工画,与兄宗庠齐名。为人重廉直、寡言笑、喜施予,曾纂古今嘉言,名《四警编》,朝夕体行,老而弥笃。著有《淡心斋诗集》。撰有《宿狮子峰》、《华严庵》、《望海》、《白云庵》等游崂诗篇,其《宿狮子峰》一诗中有"寒声时到秋山寺,半是松声半是涛"之句,为人所称道。

注释:

[1]浊醪:浊酒。

吊憨山海印寺废址

江如瑛

卓锡当年卜筑成,花香馥馥夜谈经。[1]

于今秋色斜阳里,惟有潮声似梵声。[2]

注释:

[1]卜筑:择地建筑住宅,即定居之意。馥馥:形容香气很浓。

[2]梵声:念佛诵经之声。南朝梁武帝《和太子忏悔》诗:"缭绕闻天乐,周流扬梵声。"

九水庙

孙笃先

茅屋倾欹柴户闭,绕篱修竹间疏麻。[1]

道人十日九不在,游客空来踏落花。

作者简介

孙笃先(1832—1898),字淮浦,清莱阳(今山东省莱阳市)人。陕西参政孙谦之子,幼聪颖,工诗善画,尤精于琴,自号"隐琴先生",自少至老,弦歌不辍。因慕崂山山水之胜,崇祯十七年(1644)后避居崂山,尝自署联云:"外世曾无奢愿,看山自有深情。"每日游观徜徉于华楼、九水间。晚年贫甚,而无所干谒。曾对人说:"但使瓯有余粟,吾即深山日去也。"居崂山时,与流亭胡峄阳、百福庵蒋清山结为挚友,年66岁卒。

注释:

[1]倾欹:倾斜歪斜。

棋盘石
黄象昂

局里乾坤日月频,风车石马灿星辰。
仙家一著真成错,竟把洞天输于人。

作者简介

黄象昂[xǔ],字绍殷,黄肇颁长子,黄宗昌十世孙。著有《娲庐居诗草》。

慈光洞
慈宁宫近侍

鸟道悬崖入翠微,一龛高敞白云隈。[1]
坐干沧海空尘世,回首人间万事非。

注释:

[1]翠微:青翠的山色,也泛指青翠的山。

此外古今名人之题咏尚多,卑人[1]复有《劳[2]山小乘》[3]问世,至元更志。

注释:

[1]卑人:男子自谦之称,犹言鄙人。
[2]劳:原书作"崂"。
[3]《劳山小乘》:周至元著,1934年即墨新民印书署刊印。

后　记

　　2001年,我们申请的山东省古籍整理研究项目"《崂山志》整理研究"获得正式立项,该项目主要对黄宗昌《崂山志》进行了校点。但当时有些工作还做得很不够,比如对黄宗昌《崂山志》版本的收集还不是很全,只完成了重新标点和部分校勘工作,而未来得及做全面校勘和注释。因此2003年结项后,这项工作一直在断断续续地完善增补。由于平时的教学和科研工作比较繁重,关于《崂山志》整理的后续工作,多是利用寒暑假的片段空隙进行的。记得2005年前后的几个春节,在回山西老家过年期间,复印的民国二十三版《崂山志》曾数次和我们一起体验过家中的年味。当时坐在母亲身边读《崂山志》的情景,至今犹历历在目。如今回想起来,真有无限的感慨。

　　这本书也是我和先生刘怀荣合作的第二本书。自2001年以来,我们共同收集了《崂山志》的各种版本;合作或分别发表了一批相关的研究论文;合作出版了《崂山道教与〈崂山志〉研究》(中国社会科学出版社2011年版)。这些努力和积累,对完成本书来说,都是必不可少的。因此,我们近两年来紧凑的工作,实际是在为这十几年的努力画上一个句号。

　　本书的大致分工是这样的:注释主要由我完成,并多次反复增补完善;校勘、标点工作主要由刘怀荣负责。全书最后由我们两人共同定稿。自完成《崂山道教与〈崂山志〉研究》之后,我在教学之余,最主要的工作就是面对着电脑接受文字的挑战和煎熬。因为完成本书的同时,还参与了另一部典籍——《劳山集》的整理工作,让我不仅深切体会到了古籍校注的不易,也切实感受到了一个个疑惑冰释带来的欣喜。其间的种种甘苦,也许用得上"如人饮水,冷暖自知"这句老话。

在项目进行的前期,即2006年前后,武建雄(滨州学院)曾参加了本书一小部分的简注工作,《崂山志》与周至元《游劳指南》原文的电脑录入,则是由温爱连(太原理工大学)完成的。石飞飞承担了《崂山志》第一校的校勘,并写了"校勘记"初稿。在此,对他们三位的工作表示衷心的感谢。

《崂山道教与〈崂山志〉研究》获得了2013年山东省社科优秀成果二等奖,这对本书来说是一个很大的鼓舞。因为从实际情况来看,那本书其实是本书的副产品。对评审专家们的肯定,我也愿借此机会表达真诚的谢意。最后还应提到的是,贺畅老师高效严谨的工作,不仅使本书按计划得以面世,也为本书增色不少。我也想在此真诚地说一声:谢谢!

苑秀丽

2014 年 7 月 18 日

2015 年 1 月 19 日再校

责任编辑:贺　畅

图书在版编目(CIP)数据

崂山志校注/苑秀丽,刘怀荣 校注. -北京:人民出版社,2015.7
(崂山文化研究丛书/刘怀荣主编)
ISBN 978 - 7 - 01 - 014705 - 5

I.①崂… Ⅱ.①苑…②刘… Ⅲ.①山-地方志-青岛市②《崂山志》-
注释 Ⅳ.①K928.3

中国版本图书馆 CIP 数据核字(2015)第 064581 号

崂山志校注
LAOSHANZHI JIAOZHU

苑秀丽　刘怀荣　校注

人民出版社 出版发行
(100706　北京市东城区隆福寺街99号)

北京市大兴县新魏印刷厂印刷　新华书店经销

2015 年 7 月第 1 版　2015 年 7 月北京第 1 次印刷
开本:710 毫米×1000 毫米 1/16　印张:19.75
字数:280 千字

ISBN 978 - 7 - 01 - 014705 - 5　定价:57.00 元

邮购地址 100706　北京市东城区隆福寺街 99 号
人民东方图书销售中心　电话 (010)65250042　65289539